民 · 国 · 人 · 物 · 传 · 记 · 丛 · 书

People · History

〔台〕秦风 宛萱 编著

Soong
宋美龄图传
Mayling

ZHEJIANG UNIVERSITY PRESS
浙江大学出版社

图书在版编目（CIP）数据

宋美龄图传 / 秦风，宛萱编著 . —杭州：浙江大学出版社，2012.1（2023.6 重印）
ISBN 978-7-308-09293-7

Ⅰ . ①宋… Ⅱ . ①秦… ②宛… Ⅲ . 宋美龄（1897～2003）- 传记 - 画册 Ⅳ .K827=7

中国版本图书馆 CIP 数据核字（2011）第 231597 号

浙江省版权局著作权合同登记图字：11-2011-203 号
宋美龄
Copyright @ 2011 by 秦风　宛萱
All Rights Reserved
本书中文简体字版由台湾大地出版社授权出版

宋美龄图传

秦风　宛萱　编著

丛书策划	黄宝忠
丛书主持	葛玉丹　宋旭华
责任编辑	葛玉丹
装帧设计	纸墨春秋
出版发行	浙江大学出版社
	（杭州市天目山路 148 号　邮政编码 310007）
	（网址：http://www.zjupress.com）
印　　刷	杭州高腾印务有限公司
开　　本	710mm×1000mm　1/16
印　　张	15
字　　数	80 千
版 印 次	2012 年 1 月第 1 版　2023 年 6 月第 2 次印刷
书　　号	ISBN 978-7-308-09293-7
定　　价	48.00 元

前言

你所不认识的宋美龄

一百年前的中国是什么样子？当达尔文的进化论彻底扭转了近代西方的精神维度，把（西方）人的命运自造物主的手中转回到自己的掌握里，人类成了自己的主人、生存的胜利者。在历史上从来没有一刻像现在这样，人类对自己的理性和控制自然的能力，充满了自豪与信心。莱特兄弟的飞机飞越了哈夫曼草原，惊动了独占天空几十万年的群鸟；探险家的足迹踏遍了冰冻的北极和南极，走访了世界的尽头；艺术家和文学家舍弃旧有的表现形式，放弃对现象的模仿，创造了美学的新视野；民主政治与社会主义成为主流，与工业化社会一起成为西方现代化的象征。而此时此刻，中国仍在极度封建保守的摇篮里睡着，国家的概念极其淡薄，民生经济传统而破碎，缺乏统一有效的中央经济制度，官僚体系庞大腐败又缺乏效率，军备训练古老落后，全然与西方脱节。虽然在西方人的记忆中，中国仍是一个令人望而生畏的古老帝国，但既然爬满虱子的锦袍已遮盖不住破败的迹象，食腐的动物必然也开始盘桓观望，等待这个巨大的国家寿终正寝。这是西方帝国主义国家意气风发的时代，也是中国苦难的开始。

中国并不是出于自己的选择，而是被迫进入现代化的，然而既然它是如此的远离西方，远离现代化的脚步，它要跟上世界的潮流，也就益形艰困。尤其在列强的虎视眈眈之下，旧中国并没有多少空间时间可以用来健全自己的体制、创造现代化的条件；在清帝国戊戌变法的最后一击后，所有试图存续旧体制的努力终告失败，两千多年专制统治走到了尾声，一个与西方激荡而出的全新政治型态浮出台面，孙文所领导的革命在时代的竞赛里获得了胜利，成为带领中国走向新世界的政治力量。但是革命的胜利基础是相当薄弱的，它是一群为了自身利益投诚的旧清军事将领所缔造出来的，中国人民不仅还没准备好接受民主政治，甚至也不能理解革命的历史意义；对他们来说，革命成功意味着另一场混战的开始。革命后的中国成为争夺权力的乐土，权力不再特属于少数的皇族血统，任何人只要有能力、有兵权，就可以只手登上权力的顶峰，这是野心家的乐园，是侵略者的盘中俎。拖着庞大的身躯走向现代化的中国，并没有因为革命获得前往"进步"的入场券，它满身疮痍、气息奄奄，内病与外痛不断袭击它虚弱的躯体。

在这样的当口获得权力的人，到底是布衣卿相、平步青云，还是接手了一个烫手山芋呢？正如历史所昭示给我们的，是蒋介石承接了革命的火炬，尝试着带领中国成为中央集权的主权国家，然而蒋介石足以担当大任吗？除了获取权力的高明手段之外，他有否能力领导中国实行民主？在革命的中心人物孙文逝世后，身为革命的继承人，他是否跟随着孙的理想？最后一个问题，在孙文遗孀宋庆龄的眼中，答案无疑是否定的，她毕生都认为蒋是一个野心家、独夫和篡夺先夫革命事业的人。然而蒋介石是否除了遂行自己独裁的欲望之外，对国家毫无助益，甚至如某些以揭发蒋氏家族丑闻为务的轶闻作家所言，蒋鱼肉百姓、牺牲国家利益以图利于己？

作为一个历史人物，蒋介石的行为功过自当留待后世评价，在此我们或许采取中庸的态度，亦即蒋介石对中国的意义或许有值得争议之处，毕竟他还是希望带领中国走向某个远景的，但在当时领导中国的人，面对的不仅是单纯的政治事务而已，毋宁说是要从无到有地创造政治的事实，然后再谈统治的问题。在此之前，中国未曾有实行民主的经验，亦不像英国、美国、法国的政治革命，有其水到渠成的一面。要把庞大的中国现代化，不仅对原本接受封建帝制的中国人是全新的经验，对于西方世界也是前所未有的，至少受英国殖民的古老国家诸如印度，其现代化就是停滞不前的。一个时代典范的转移无法一蹴即成，中国的彻底现代化至今历经了近一百个年头，仍无法落实，更遑论在清帝国颓圮、百废待举、列强环伺、内部纷争不断的年代，根本就无从全面地改造中国的体质；而紧接着的八年抗战，更是一场耗尽中国所有既存资源的恶战，战事的惨烈与影响区域之大，将中国旧有社会结构与民间经济体制粉碎殆尽。

作为蒋介石的妻子、最亲密的战友，宋美龄一生的成败功过都与蒋密切联结，更与中国的命运休戚相关。她生于一个忧患的年代，在她出生前后，甲午战争、八国联军、军阀割据，接踵而来，中国的破败似乎是指日可待了；也难怪乎她会赞成中国需要一个强权人士来整顿局面，毕竟要一夕间在落后、古老的神州大陆推行西方民主政治，未免太不实际。对于这个出生于革命世家、满心成就一番事业的非凡女子来说，她与蒋的结合把她推往了权力中心，她明白权力的重要性，知道信念必须仰赖强权和铁腕来付诸实现。因为如此，她能够谅解蒋为了获得权力所使用的不光明手段，也能够对于蒋偶尔表现出来的封建主的酷吏气质睁一只眼闭一只眼，他们在获取权力与实现理想是两回事情上意见是相同的。缺乏他们相当实际的手腕和目光，或许孙文过于理想主义而实行基础危如薄冰的民主理想，将会提早走入历史的陈迹。

然而，蒋氏夫妇从来不以为他们是夺取权力的人，毋宁是时代的

4

呼唤引领他们走到了领导的地位，就像宋美龄最喜爱的亚瑟王传奇，本身就是一则关于权力的寓言：不是人选择权力，而是权力选择了人。他们在他们的时代里出类拔萃、超越了所有的人获取了权力，在当时的确是有它的理由的，20世纪初的中国，迫切需要带领它走向现代化的力量，当这股内在的能量喷涌而出的时候，站在泉源上头的蒋氏夫妇便成了引领历史的掌权者。宋美龄的洋化思维和行止，她的基督教保守主义民主背景，在在地影响了受传统私塾教育、军事背景出身的蒋介石，他们成为执政的亲密伴侣、共赴"国难"的患难夫妻，在漫长的50年婚姻生活和现代中国的变迁中相守相依。

正因为蒋氏夫妇的命运与中国密不可分，而宋美龄又远非娴静持家的传统妇女，她的影响力透及现代中国每一个历史的现场，扮演各式各样的角色，在各种权力的争战中施推拉拔，或多或少地影响了每一个政治的环节。因此，一部宋美龄的生命记录，就如同一部微型的中国近代史，它经历中国苦难的岁月，横跨两岸分峙的角力，它看见新中国的曙光，也还在耐心地等待新时代的来临。然而再非凡的生命都以相仿的方式降临于世，一百多年前的上海，在混浊繁忙的虹口码头附近，嚎啕的女娃哭声打破了黑夜的缄默，她的生命之流将汇入现代中国的血脉里，共同鼓舞新时代的脉搏。

目　录

1

童年与少女时期

◎ 在美留学

◎ 美龄归国

◎ 自古美人爱英雄

1898年3月4日，上海虹口地区的一栋小洋房里传来宏亮的婴儿哭声，这是印制《圣经》致富的商人宋耀如的第四个孩子，与前两个姐姐的名字相仿，取名为"宋美龄"。婴儿有着浑圆的脸蛋，清秀细致的五官，白胖胖的身体让她获得了"小灯笼"的外号，在重女轻男的洋派基督教家庭里，小灯笼是父亲最宠爱的孩子，备受全家人的钟爱。

　　宋耀如的发迹宛如一则童话，身为珠海小贸易商的次子，他瞒着家人跟随在美国开设茶丝商店的舅舅远赴美国波士顿。因为舅舅不同意他进修大学，又逃离波士顿，在缉私艇上度过一年多惊险的海上生活。在他受洗为基督徒后，美国百万富翁卡尔将军提供这个来自中国的小伙子一个绝佳的机会，资助他进入神学院读书，以训练他成为一名出色的传教士，帮助"异教徒"的中国人接受上帝的光照。结束学业后，他回到了神州大陆，在上海担任基督教传教士。然而传教生活并不如想象中简单，身材矮胖作风洋派的"查理"，不被当地人看做"中国人"；而当地的美籍主教林乐知，又对身为"中国人"的宋耀如多方刁难，让他饱受待遇不公与歧视。

在这个艰苦且孤独的阶段，经由留美时认识的朋友牛尚周介绍，他结识了牛的小姨子倪桂珍，两个月后，他们闪电结婚。宋夫人倪桂珍娘家是明代大学士徐光启的后裔，因此倪家人像徐光启一样，世世代代信奉天主教，到了宋夫人父亲那代又改信基督教。她毕业于上海培文女子高等学堂，不相信旧礼教，主张男女平等，要求妇女解放，并且不曾缠足。然而她的"大脚"却成为她寻求婚配的一大阻碍，直到遇到了常常被当地的小孩追着笑骂"洋鬼子"的查理，他们才为超越时代的自己找到了人生的另一半。

一年之后他们的长女霭龄诞生了，布道团的微薄薪水原本就不足以支持夫妇二人的生活，在桂珍怀孕后查理离开圣职，成为印制《圣经》的商人。西方国家凭恃着船坚炮利，打开了中国一个又一个的通商口岸，而西方的基督教也在巨炮的庇护下传播到旧中国的每一寸土地，廉价的《圣经》成为思想的炮弹，要打进每一个中国人的心里，这个弹药的补给就得易得易取。传教的背景让查理看到了这个赚钱的契机，基督教徒的身份和美国成长的经验，让他可以毫无障碍地获得与西方商人合作的机会，加上这个值得称道的事业很容易获得一些西方传教组织和宗教团体金钱和技术上的协助，查理一夕致富，成为上海首屈一指的出版商。两年后，他又得了第二个女儿，他替她取名宋庆龄。庆龄的出生刚好赶上父亲事业蓬勃发展的关口，一年后，他们搬进了虹口区恒光路的小别墅。在这个孕育"宋家王朝"的摇篮里，宋家的孩子接受既开放自由又充满中产阶级基督徒气氛的童年教养，成就了他们独特的人格和命运。

在三个女儿中，查理特别宠爱美龄，走到哪里都要带着她，他领她去参观印刷厂、面粉厂、香烟厂、纺织厂的运作情形，坐在黄包车上向她讲述各种城市里的趣闻轶事。查理不拘小节，虽然身家百万，却老是穿着皱巴巴的宽裤子和白衬衫，脖子上松松地系着一条蓝紫色斜纹领带，但他们夫妇对于爱女的打扮却绝不马虎。人们往往看见黄包车里一个戴眼镜留中分头的中年矮胖绅士，膝上抱着一个小姑娘头上扎着"螃蟹眼"——用红绳扎起小辫子，再卷成两个圆环，像是螃蟹头上的一对小眼睛，这是当时最流行的小女孩发型，脚上穿着猫头鞋，两旁伸出两只猫耳朵，上面还绣着猫胡须和眼睛，一踢一摆地十分神气。

美龄诞生的时机似乎特别恰好，这个时候的查理正值人生的巅峰期，不只在事业上大有斩获，还有他秘密资助流亡日本的革命领袖孙中山和革命事业，更成为他自我认同相当重要的一部分。查理虽然凭借中西兼备的背景致富，但他并不甘于沦为买办，冒着生命的危险，他成为筹措革命经费的主要核心、孙中山的左右手。查理是强烈的爱国主义者，虽然在美国生活多年，却不肯加入美国国籍，他不忘中国的传统文化，顽强地学习古文；在美国受教育生活的经验，使得他无法忍受清廷的腐败与落后，加上基督教的背景，他也看不惯当时中国上流社会中的奢华与丑恶，更无法漠视贫苦人民的悲惨处境。他的政治倾向或许隐藏得高深莫测，但在他的子女面前却丝毫没有遮掩，他们都成为革命的热情拥护者，霭龄与庆龄都曾经担任过孙中山的私人秘书。在革命成功的消息传到在美国留学的庆龄耳中时，她也激情地写下了《二十世纪最伟大的事情》来表达她对辛亥革命的热烈支持。

正因为查理一生的成就都是冒险犯难换来的，而他也不曾停止冒险的生涯，所以对于子女的教养，他也秉持着相同的原则。他扩大了他们的欲望，要求他们树立只有以非凡的干劲和永无止境的进取精神才能实现的鸿鹄之志，锻炼他们建立克服一切困难以达致目标的毅力。另一方面，宋夫人则尝试着教养他们的三位千金成为真正的基督教淑女，她教她们做女工、做西式糕点，她以美以美教派的教条为依据，视跳舞和打牌为堕落行为，严禁儿女们沉湎于此类娱乐。除此之外，宋家的孩子们都在父亲的要求之下，写得一手好毛笔字。因此他们虽然都接受西式教育，对于中国古文的素养、书法的功夫，却是一点也不疏忽的。

　　查理夫妇早就下定决心，要送所有的孩子到美国留学。1908年夏天，不过九岁的美龄和姐姐庆龄在姨父姨母的陪同下，搭乘"满洲里"号太平洋油轮离开中国。这次的旅程十分顺利，不像大姐霭龄四年前在入境美国时遇到刁难，霭龄对此留下了深刻的印象，多年后仍耿耿于怀。美龄眼中所见的新世界是如此的新颖美好，虽然难免会有想家的时候，但是个性活泼的美龄很快就适应了新环境，第二年甚至离开姐姐的照看，独自在乔治亚州的德莫雷斯特生活上学。她在这里度过了田园诗般的童年时光，与玩伴在森林里摘榛子，品尝好心农夫邀请她们共享的玉米面包和鸡腿，或是在圣诞节时和友伴一同决定要帮助附近的贫户有个快乐的圣诞节，人伙凑了钱买好了东西，却不好意思交给女主人……即便在多年以后，美龄回忆起这段经历，脸上总还会不经意地浮现微笑。

在这里度过无忧无虑的九个月后，美龄得到庆龄就读的韦斯利女子学院许可，容许她住进学校校舍与庆龄团聚，然而她还不到可以正式入学的年纪，所以除了一些特别辅导课以外，她绝大部分的时候多花在跟比她小两岁的校长女儿和另一个同龄女学生玩乐嬉戏上。她们组成一个小组织，叫做"三个小家伙"，制订自己的口令、秘密暗号与规则，一起躲在会客室的窗帘后面，窥看学院女学生和男朋友在那里幽会。她们还创办了一份报纸，美龄担任文字编辑。这份报纸每天发行五份，但每份都不相同，这在世界上可能也是绝无仅有的。

1913年春天，庆龄完成学业返国，落单的美龄便转学到麻州的韦斯利女子学院就读，这样跟在哈佛大学读书的哥哥子文离得近些，可以就近照料。在大学的四年里，美龄主修英国文学，兼修哲学、法语和音乐，还选修了历史、英文写作、圣经史、讲演术等课程。一位韦斯利女子学院的教员留有他对美龄的印象：

> ……她的性格中真正有趣的一面是她具有独立的思想，她对任何事情不停地苦苦思索。她执着地追求真理，只要发现自己在过去曾接受传统的错误灌输，她就怨恨不已。……她经常流露出忧郁的神情。随着岁月的流逝，返回中国为她带来了非常困难的问题，……她回国后即将面临一个对她而言已经变得陌生的世界……尽管她善于交际，颇受欢迎，但她的态度仍然有点冷漠，总是在注视着我们，总是在询问、批评或表示自己的爱好……

从1908年到1917年，美龄在美国求学近10年，这10年是她从童年进入青春期的黄金时代，是她世界观形成的重要时期，她在生活习惯、举止言谈等各方面都美国化了，她的价值观、思维方式也深受当时美国中产阶级的影响。她在写给朋友的一封信中说："只有我的脸像个东方人。"但是来自父母和家庭的影响毕竟是深远的，随着年纪增长，韦斯利学院的老师发现美龄对中国文化及其遗产有着越来越深切的感情，虽然她仍然对中国的封建礼教和旧传统怀抱着厌恶恐惧的心情。这种恐惧对于适婚年龄的女孩来说，的确是一个切身的问题，美龄总是十分担心父母会召她回国结婚，因此在她以杜兰学者的荣誉学位从韦斯利女子学院毕业后，她写信给父亲，暗示她并不想返回中国。

然而一件突乎其来的事件，改变了整个宋家人的未来。在与革命领袖孙中山朝夕相处的情况下，年方二十二的庆龄与孙中山陷入热烈的爱情之中，这对孙中山的长期革命伙伴查理来说，不啻是一个不可原谅的背叛行为，他被他的好友与爱女双重背叛了。查理试着阻止这段感情，他把庆龄软禁起来，然而庆龄却在女佣的帮助之下，爬窗逃离，直奔日本与孙中山结合。痛心失望的查理召回在美国求学的长子子文和幺女美龄，这次美龄没有借口可以搪塞了。

美龄回到上海的时间，正值袁世凯帝制梦碎、内战一触即发的当口。中国正从清末的腐败贫瘠，转换到一个痛苦且漫长的通往现代化的路途，然而这个与20世纪中国命运攸关的女人——18岁的摩登姑娘美龄，站在驶往故土的轮船甲板上，穿着时髦的黑色天鹅绒马甲和小外套，头上戴着一顶金色的小圆帽，对于自己的未来一无所知。

　　美龄回国不久，宋家便找了一个中国老师帮她补习汉语和中国历史，以弥补她从小在国外读书汉语能力的不足。除此之外，她还热情地投入慈善工作，她加入上海基督教女青年会，协助该会从事社会服务工作，同时她也是全国电影审查会的成员，上海租界工部局邀请她参加童工委员会，使她成为该委员会的第一位女性，也是第一个中国人。由于这些社会活动，她的政治气质、社交才干很快就显露出来，但是她主张强权政治的思想使得一手推动中国民主化的父亲相当震惊。美龄认为面对当代中国的乱局，必须有铁腕人物出来实行强权政治，要建立强大的政党、强大的军队，还要有强大的金融体系。查理不禁觉得，他的三女儿是个比男子汉还要有胆有识的杰出女性，但也令人恐惧不安。

　　在那样的时代，一个女人有再大的野心也无法靠自己独力达成，所以她必须为自己找到一个强而有力的丈夫，一个可以给予她"精神上的定力"的英雄。当霭龄下嫁殷实的商人孔祥熙,庆龄追随着创造新中国的革命领袖,美龄心中的铁腕英雄也慢慢地浮出台面,这个人就是在"永丰舰事件"中保卫孙中山有功的蒋介石。

然而他们的结合却屡经波折,最大的阻碍来自于蒋介石已有原配夫人,又另有一妾一妻,再者蒋介石不是基督徒,这对于宋夫人倪桂珍来说,光是这一点就不能接受他当宋家的女婿。此外孙中山去世之后,坚持实现丈夫遗愿的庆龄无法认同蒋介石的军阀气息,以及他对于左倾人士的迫害,因此极力阻止美龄与蒋介石交往。但是随着阻碍渐次排除,蒋宋联姻的局面日趋明朗,而蒋介石也成功地将左倾的武汉政府收纳进自己的势力范围,建立了自己在国民政府中的领导地位。庆龄遂宣布断绝与国民党的一切关系,毅然决定出访莫斯科。

当这场豪华的世纪婚礼举行的时候,庆龄远在寒冷的莫斯科,身上只穿着不保暖的薄外套,踽踽独行在冰冻的街道、刺骨的寒风中。这一头的美龄披着白色乔琪纱披肩,穿着银白色的软缎长裙,翩翩地走向她的新婚丈夫,这个男人将牵引着她走向权力的中心,引领她一生的荣辱。

在美留学

　　九岁就远渡重洋到美国读书，美龄无疑是相当美国化的，但随着年纪增长，对于文化冲突与未来的反思，不断地在这个早熟敏感的少女心中萦绕。这不仅显示在她的言行举止中，有趣的是也表现在她的穿着打扮上。人为自己打造的外在形象，常常是其内在心灵的镜射，一个女人的衣装，更无疑是她昭告世人的内心独白。宋氏姐妹自己在一起的时候，往往穿着中国的旗袍，要是突然有同学来访，她们会忙不迭地钻进大壁橱，换上西式服装后才出来。美龄喜欢用缎带在乌黑的秀发上系两个大蝴蝶结，但当她打扮得像个典型美国少女的时候，她又会用色泽明快的丝绸在宽大的短外套或夹克衫上做点缀，保留一点中国人的特色。进入韦斯利女子大学就读的美龄，渐渐地从一个圆脸蛋的姑娘出落成姿容秀丽的妙龄少女了，她体态轻盈，肤色健美，一头乌黑的卷发顺着光滑的额头披垂在耳后，举止适度，热情大方，深受同学的喜爱。

■ 宋美龄（右一）、宋庆龄（右四）、宋子文（右五）与友人在韦斯利女子学院的合影。

■ 甫进入韦斯利女子学院就读的美龄，还保有一点少女的圆润，她个性早熟、古灵精怪，却也热情活泼，赢得同学与师长的喜爱。

■ 在美国留学期间的宋庆龄（右）、宋美龄（左）与宋子文（中）。庆龄完成学业离开美国之后，美龄在美国唯一的亲人就只剩下子文了，他们两人之间建立了一条真正的纽带，美龄听他的话，视他为兄长，并总是希望得到他的教诲。

美龄归国

回国初期，美龄仍喜爱穿西式的服装，对于中式服饰她总觉得有些怪模怪样的。后来终于渐渐习惯于穿中式服装了，不过她的穿着始终带有西方的格调，如在冬天她常戴帽子，或穿一身摩登的紧身骑装，据说，她是第一个在公开场合穿短上衣和便裤的中国妇女。起初，她对周围的生活环境很不适应，总是以挑剔的眼光指责中国的落后、愚昧，父亲宋耀如对此感到相当痛心。还好，这段阵痛期并不太长，善于适应环境的美龄，很快就找到了中西生活的平衡点，她继续穿她的西式服饰，却很热情地投入古汉语的学习和慈善活动中。然而父女团聚的喜悦没有持续太久，1918年，宋耀如因胃癌去世，美龄与母亲决定离开这个充满回忆的住所，搬进西摩路一栋比较宽敞的大房子里。

■ 宋氏姐妹的形象与这张照片密切地联结在一起，然而留影时霭龄（左）、庆龄（中）不过是二十出头的少妇，美龄（右）也不过是个 18 岁的少女，红颜青丝如何能预见满头华发时世人给她们的功过评量？

■ 1917年美龄返回上海，在家中与家人留下的合影。前排：三子宋子安；二排：次女宋庆龄（右）、长子宋子文（中）、长女宋霭龄（左）；后排：三女宋美龄（右一）、母亲倪桂珍、父亲宋耀如、次子宋子良。

18

■ 虽然庆龄的婚姻曾引起轩然大波，但
是父母最终还是原谅她了，留下了这帧
三姐妹与母亲留影的珍贵照片。

■ 美龄（后）与庆龄在上海家中合影。这时庆龄已贵为总理夫人，姿容庄严从容；美龄刚习惯了中国服饰，蓬松的卷发，额前梳点时髦的刘海，脸上还是一派古灵精怪。

自古美人爱英雄

　　20年代的美龄，早就过了当时中国社会眼中的适婚年龄，她的身边总是不乏追求者，但是对于心怀鸿鹄之志的美龄来说，她绝不甘心成为一个上海上流社会成天搓牌嗑牙的阔太太，也不愿做一个默默无闻的贤妻良母。然而她却不是真的无心于婚姻与爱情，毋宁说，她是在等待一个足以匹配她的才情、让她可以展现才华的丈夫。1927年，原本不起眼的小军人蒋介石逐渐在政治角力中展示了自己的实力，也赢得了这位中国最高傲女人的心。1927年12月1日，上海举办了一场斥资数百万元的世纪婚礼，美龄由此正式进入中国近代史的扉页，与中国的命运密不可分。

　　这对最受瞩目的新婚夫妇——蒋介石与宋美龄，并没有太多闲暇享受他们的新婚生活，在上海的新居度过甜蜜的第一天之后，他们就启程前往杭州，原本立意是要在莫干山度蜜月，但蒋介石在第二天就不得不只身返回上海，参加国民党第二届四中全会的预备会。当时蒋

介石正值"清党"之后，为表示负责，宣布下野韬光养晦的时节，但是他已经摩拳擦掌，准备重返政权。1928年2月，他重新登上国民党的领导地位，新婚夫人便与他一同迁居国民政府奠都的南京。彼时的南京城与繁华的上海不可同日而语，这里黄沙蔽天、交通不便，更没有现代化的卫生设施，这对于特别重视清洁的美龄来说，实在相当不舒适。但是她没有像其他的官太太一样，自己留在上海，让有职责在身的丈夫只身往赴，她尽最大的力量把官邸打造成清洁舒适的家园。结婚之后，她成为丈夫的秘书和翻译，两人总是形影不离，一起讨论遇到的所有问题，从外交政策到《圣经》，从中国内政到军事的困难。

到南京不久，美龄便着手创办国民革命军遗族学校。当时国民党阵亡将士的子女，大都无人照料，生活艰困，美龄便向蒋介石建议，应该设立学校将这些遗族子女造就成健全爱国的公民。1929年，遗族学校成立，美龄亲自负责校务管理。她与遗族学校的学生感情深厚，即便她随行蒋介石前往各地视察时，也不忘时时写信向学生们报告近况并加以勉励。此时北伐甫告段落，而"剿共"的战事已如火如荼地进行，一场中原大战死伤数十万将士，在各省之破坏难以胜计，而数次"剿共"双方在战火延烧之地所造成的伤害更是无法估量。《宋氏王朝》的作者西格雷夫便嘲笑宋美龄所照料的孤儿都是从她丈夫手下暴死的军官留下的孩子。这样的说法或许未见公允，蒋介石一向认为要攘外必须先安内，而当时的中国正如孙中山在几年前所言，是"一盘散沙"，新的价值与政治体系尚未建立，旧体系与旧价值早已瘫痪却仍阴魂不散。所谓的国军不过是固有军阀派系的短暂利益结盟，而国民政府更是一群不断争夺主导权的权力人士的暂时组织。

美龄不仅在蒋的身边担任贤内助的角色，她实际上也随着他南征北讨，多次在前线历险，然而要说到这段时间内她工作最主要的成就，莫过于推行新生活运动。新生活运动跟五四运动一样，都是一群在国外留学回来的所谓进步分子，强殖在仍然封建保守的旧社会上的新价值体系。而新生活运动更有宗教的色彩，与当时在中国的传教士所试图灌输给中国社会的观念一致，它们都崇尚现代西方的生活态度，强调整齐、清洁、简单、朴素、迅速、确实，美龄又把它改造得像是从中国自身的传统文化发出的，附上了"礼义廉耻"四维的标题，内容却是不折不扣的美式信条。

■ 蒋宋联姻的情势抵定之后，全家人又
凑在一起拍了张全家福，只是这张照片
里再也不见庆龄的踪影，此时她已经踏
上前往莫斯科的流亡之路了。前排：宋霭
龄（右）、倪桂珍（中）、宋美龄（左）；
后排：宋子安（右一）、孔祥熙（右二）、
蒋介石（右三）、宋子良（右四）。

不随地吐痰、经常呼吸新鲜空气和沐浴阳光、天天刷牙、经常服用维生素、要爱邻居、要让婴儿长得健康、要搞大扫除、要奋力进取、用钱要节省……

她以美国中西部那种顽强的性格宣传这些美德的新内容，每当她与蒋介石巡视到哪个城市乡镇，她便要与当地的富商太太们一起坐下来，讨论如何把这个新的价值观推行到这块土壤上。

然而她一点也不知道，当一个丰富而充满善意的上层概念落实到尚未开化的下层结构时会发生什么事。过分热心的军队指挥官对这个运动一点也不了解，但是他们很希望讨好这位高贵的蒋夫人，于是派出检查小组痛打在街上吐痰的人，任何人要是拖着脚步走路，要是进饭馆吃饭时点的菜超过四菜一汤，都会被拖出去用棍子打一顿。搽胭脂口红的姑娘，歪戴西式帽子的人，都会被警察毫不客气地抓住，用擦不掉的红墨水在他们的皮肤盖上"奇装异服"的印记。理发师要是给人烫卷曲的发型，售货员要是卖不伦不类的游泳衣，都会在一大群旁观者的面前受到侮辱。

当然，一些切实可行的计划也被付诸实行了，包括公共卫生运动、修建下水道、改进水的供应等，葬礼也不再那么排场了，举办集体结婚仪式，批评迷信，展开戒烟。这些过度热心的检查者或许忽略了美龄本身就是一个爱好时尚的妇女，她也烫卷曲的头发，时常戴各种时髦怪样的帽子，同时她也是薄荷烟的爱好者。一个强殖的新生活运动或许不可能彻底改变中国传统社会的本质，各种对于外表行为的纠举也流于表面，徒然引起民众的反感；但是这个代表现代化的意识形态运动，毕竟吸引了一些年轻人的注意，在当时忧患的国家处境之下，这样的活动有其宣传效果，加强了蒋介石政权作为新时代领导人物的正当性。

　　然而北伐成功后，结束军政时期而进入训政时期的这段所谓中国的黄金十年，并不如它听起来那样光辉璀璨，一方面"剿共"事业拓展得十分艰难，而日本的侵略也逐渐浮出台面，国民政府还来不及推行任何有效的金融政策，就开始面临庞大的军事支出所带来的经济负担。"九一八"事变之后，北京已在日人指顾间，在热河事件后，又与日人妥协，签订《塘沽协议》默认伪满洲国的存在，蒋介石坚持不展开对日战争，反而加强进行"剿共"，引起全国各界反对的声浪。然则其实谁也没有把握能够赢得这场艰难的战争，民众有的是迫切的爱国心和无法忍受国耻的愤怒，加上眼见内战所消耗的财力物力人力，要求停止"剿共"、联共抗日的呼声与日高涨。正是在这样的背景之下，发生了震惊世界的"西安事变"。

　　1936年，张学良与周恩来在陕北举行抗日救国会谈，并签署《抗日救国协议》，决定以抗日为双方主要的目标，但是一贯不信任共党的蒋介石仍不愿意相信共产党真的会履行共同抗日，因此坚持要先完成"剿共"。张学良等人见蒋如此强硬，便决定用武力挟持强迫他放弃"剿共"。12月12日拂晓，部队闯入蒋在西安的住所，双方发生激烈枪战，过了好一会儿才进入蒋的卧室，却发现他已经不在了，不久他们在半山腰的山洞发现了仓皇逃出连假牙都没带、穿着睡衣的蒋介石。张学良和杨虎城于是通电全国，发出抗日救国八项主张，消息传来，主战派的何应钦主张要讨伐叛变的张学良，决定出兵攻击西安。

　　但是如此一来，蒋介石必然性命不保，美龄力倡和平解决"西安事变"，营救蒋介石。她认为"此时当余之前，不仅为余夫一人生死

■ 1927年宁汉合流之后，庆龄出访苏联，9月1日她抵达莫斯科，在车站受到苏联群众的热烈欢迎。当庆龄在莫斯科的严冬中重新省思苏联在中国未来中将扮演的角色时，她的妹妹美龄正执起命运女神的双手，走进中国的历史。

之关系，实关系全民族最重大之问题"，必须"力抑个人情感，就全局加以考虑"，她指责何应钦等人的行动是别有用心，希望他们在"推进讨伐军事之前，先尽力求委员长之出险"。何应钦等人则讥笑宋美龄是妇人之见，"彼一妇人耳，仅知营救丈夫而已"。

为了营救蒋介石回南京，美龄奔波于南京与上海，与家族商讨营救活动的细节，她甚至哭哭啼啼地跑到庆龄家里，央求庆龄为她穿针引线，与共产党人取得联系。庆龄考虑到何应钦等人的活动可能会引起日本借机入侵的危险，因此为她联系上潘汉年，在蒋氏夫妇外籍友人端纳的陪同下，宋子文先到西安取得蒋介石的手信，要求何应钦等人勿轻举妄动。22日，美龄亲自前往西安，蒋介石见到美龄，"乍见惊讶，如在梦寐"，声音颤抖地说："我妻真来耶？你入虎穴矣！"说罢缓缓摇头，老泪纵横。宋美龄努力抑制自己的情感，平静地说："我来看你！"却也眼泪夺眶而出。

蒋介石表示他自己不出面谈，由宋氏兄妹代他谈判，谈判主要在"八大主张"的基础上开始，后来双方终于同意终止内战，协力对日抗战，谈判既成，张、杨即释回蒋介石。为表示负责，张学良亲自护送蒋介石由西安返回洛阳，从此被软禁了数十年。此事的和平解决可以说是宋美龄深明大义、积极活动的结果。"西安事变"成为十年内战走向抗日民族战争的转折点，促进了第二次国共合作和抗日民族统一战线的形成。而且它的时机似乎来得恰是时候，不到一年的时间，"卢沟桥事变"就开启了全面抗战的序幕。不管曾赴日留学而深知日军实力的蒋介石愿不愿意，中国这只满目疮痍的睡狮只好再度面对战火的洗礼，而这一次的战争远比人类历史上的任何一场战事都要惨烈，耗时似乎无止无休的八年，其中绝大部分的时间，中国都必须孤立无援地面对侵略者的铁蹄。

1937年7月，蒋介石在庐山举行例行的干部训练营，这次是在"停止内战、团结抗日"的目的下办的，与前两次以"剿共"为主的目的有所不同。然而才进行到一半，就传来"七七事变"的消息，蒋遂召集各党派、知识分子举行庐山谈话会，共商抗日大计，并于17日发出告全国人民书，题为"驱逐倭寇、复兴民族"。又在8月13日淞沪会战之后发表《自卫抗战声明书》，宣告："中国决不放弃领土之部分，遇有侵略，惟有实行天赋之自卫权以应之。"15日下达总动员令，中国走向了抗日的道路。

2

新婚时期与抗战前夕

◎ 委员长夫人

◎ 新生活运动

◎ "西安事变"

◎ 抗战爆发

委员长夫人

　　新婚后的宋美龄与蒋介石搬到国民政府所在的南京，对于这个住惯繁华现代的上海的现代女性来说，无疑是十分困难的，而且她在南京举目无亲，由于大部分官员的太太都留在上海没有跟着上任，她常常是宴会上的唯一女性。但是她还是以过人的毅力适应了南京的生活，与蒋介石形影不离，所有家国有关的大小事务都出现在这对夫妻的日常闲语里。结婚两年后，蒋介石终于实现了婚前对宋夫人的承诺，受洗成为基督徒，虽然他的信仰里显然还有许多传统迷信的影子，但美龄觉得她已成功地把丈夫改造成一个虔诚的基督徒了。

■ 婚后与丈夫移居南京的宋美龄。这个时期在政治中所扮演的角色虽然较为潜沉，却是蒋介石最重要的精神支柱和得力助手。

■ 1931 年 1 月 1 日，宋美龄陪同蒋介石阅兵。

新生活运动

　　1928年北伐成功后，零星的派系斗争仍在持续进行中，1932年又开始"剿共"的战争。宋美龄并没有躲在安全的地方静待时局平稳，反倒跟着丈夫巡视前线，她在写给遗族学校学生的信里，详细地记录了她到闽边巡视的经过，道路崎岖难行，物资缺乏落后，她却丝毫不以为辛苦。在跟蒋介石到前线督战的过程中，宋美龄发现一些官兵因为生活空虚军纪败坏，便为军人创办军官励志社，后来蒋氏夫妇所提倡的"新生活运动"也是由励志社起头鼓吹的。励志社的创立无疑给了宋美龄一个改造中国社会的点子，她把中国传统的"礼义廉耻"串进现代西方的生活价值观里头，希望彻底改变旧社会的种种劣习，并借着与丈夫巡视各地的时机，把这个运动推行到中国的各个角落。

■ 1934年5月5日，参加完中央军校创立十周年纪念阅兵典礼的美龄，和外籍友人在正午的艳阳下闲聊。走在前方的白衣妇人是汪精卫夫人陈璧君，留下了一张蒋汪关系尚未破裂时的历史画面。中央军校的前身是黄埔军官学校，也是蒋介石嫡系将领的主要来源。

■ 1934 年，新生活运动在江西省南昌县正式开幕。宋美龄虽然热衷于运用权力推展她所信仰的美好事物，却显然无法忍受官僚体系中迂腐形式的那一面，开幕典礼显然办得太过冗长，让参与者纷纷低头沉思、表情肃穆，乍看恍若一场丧礼。美龄则侧头跷脚，一脸无聊。

"西安事变"

　　由于蒋介石迟迟不肯响应日本侵略的活动，国人渐生不满，觉得国民政府无心抵抗外侮，一时舆论大起，学生抗议事件不断。蒋认为对日全面抗战时机尚未成熟，然则时代的趋力却不容许他再等下去。1936年12月，张学良与杨虎城发动"西安事变"，挟持蒋介石要求联共抗日，宋美龄力抗南京政府中虎视眈眈的主战派将领，亲自飞往西安与张学良谈判，这场叛变终于获得和平解决。宋美龄在这场劫难中展现了非凡的毅力与勇气，不仅解救了她的丈夫，也让第二次国共合作成为现实，免除了日人趁乱入侵的危险。

■ "西安事变"撼动了国民政府，让大权在握的野心人士蠢蠢欲动，宋美龄到处奔波走访，终于走出一条活路来。这张照片摄于美龄搭机抵达西安，走出机门的那一刻，哥哥子文和友人端纳伸手要去扶她，她神情悲恸，像是眼泪就要奔流而出。

抗战爆发

　　1937年7月7日，卢沟桥的一声枪响，打开了抗日民族战争的序幕，当时正在庐山主持干部训练营的蒋介石，立刻邀集各党派人士与各界贤达，举行庐山谈话会，共商抗日大计，并即刻发表《庐山讲话》，表达誓死抗战的决心。返回南京的蒋氏夫妇召见各国记者，告知他们国民政府对待日军这次武力进犯的态度；这时候蒋介石即便心中对于中国是否能打赢这场战争有所疑虑，也只好面对命运的挑战。虽然战前各种呼吁宣战的呼声不断，但事实上国内普遍弥漫着悲观的气氛，然而不管能否战胜，这场战争已经到了不得不打的局面了。

■ 1936 年 12 月间的"西安事变"。

■ 1937年7月，"卢沟桥事变"掀开了
中国对日抗战的序幕，蒋介石夫妇结束庐
山谈话会之后返回南京，对在南京的各国
记者发表坚持抗战的宣言。

■ 记者会结束之后，蒋氏夫妇与各国
记者留影。事不关己，外国记者还能谈
笑自若，蒋介石抓着帽子讪讪地伫立着，
对将要降临到中国的巨大灾厄感到茫然
失所。

49

3

抗战时期

◎ "肩负中国命运"的"革命"伴侣

◎ 三姐妹在渝

◎ 大后方的精神

◎ 患难夫妻

◎ "中国空军之母"

◎ 夫人外交

◎ 战火中的坚毅女性

"卢沟桥事变"发生之后，日军继续进犯上海，爆发淞沪会战。在此日军遭遇到顽强的抵抗，战事拖延了三个多月之久，粉碎了军部"三月亡华"的狂言，这场战役有许多可歌可泣的悲壮故事，尤其是谢晋元团长所率领的八百壮士（其实只有450人）死守四行仓库，最为脍炙人口。黄仁宇曾指出这个"孤军"其实是蒋介石亲自指派，目的在以"苦肉计"谋取西方国家的注意，但是当谢晋元作战四日死37人，蒋亦心软下令退守，并谓："为主帅者，爱惜所部与牺牲所部皆有一定限度。"不管事实是否如此，国民党军队当时英勇抵抗的事迹仍不应该被抹煞，在匆促成军、炮弹物资皆缺乏的状态下，要迎战完善训练、军备齐全的日本军队，原本就是以卵击石之举，但是国民党军队在此情况下仍以肉身力搏，"闻义赴难，朝命夕至，其在前线，以血肉之躯，筑成壕堑，有死无退"。

　　在这样动乱的时代，身为一个女人，美龄虽然没有提枪杆子上战场，但她也丝毫没有恐惧退却之意，淞沪会战期间，美龄一直陪着丈夫守在南京城，日机多次轰炸，有一夜空袭，离他们住处数十步的一栋小屋被夷为平地，霭龄力劝美龄随孔家去武汉避难，美龄婉言谢绝，坚决不走。淞沪会战期间，她多次到前线沿阵地慰问将士，屡历险境，好几次炸弹就在她跟前爆炸了，她被震波震倒了，又冷静自若地自己站起来。有一次她自上海视察后返回南京，在途中遭遇43架日机的追击轰炸，几天之后她还是继续前往前线慰问。除了慰问之外，她也把战地中的见闻透过电讯和广播的方式，向全世界报道中国战场的情况，揭露日军侵略暴行和澄清日本政府散布的种种为侵略制造借口的谣言。

1937年10月22日，美龄在端纳的陪同下，再度前往上海前线看望伤兵，在路上，几架日机突然出现在天空，司机为了躲避轰炸，开足马力，没想到前方有一个很大的弹坑，车轮陷了进去，整部车子被弹向天空，撞到一旁的土堆后又翻下了公路，车里的人都从后座被甩了出去。端纳非常幸运地没有受伤，他立刻跑到美龄的身边，发现她躺在泥潭里满脸泥水，失去知觉，四肢瘫软，面色灰白。他尝试唤她醒来，她却依然没有反应，端纳一时以为美龄死了，还好一会儿她苏醒了，并且坚持要继续到前线探望伤兵。这时她隐忍着极度的痛楚，等到探视结束后第二天返回南京的医院，医生发现她断了好几根肋骨，才强迫她休养。这次受伤导致了长远的后遗症，让她往后都饱受旧伤复发的痛苦。

然而她并没有因为这样经验不再前往危险的前线，在抗战后期担任她助理的张紫葛就曾回忆在保卫大武汉的激战中她又有五度差点送命的经验，这些惊险的故事都有当时经她慰问的将领可以作证。而蒋夫人冒着生命危险亲至前线慰问的效应是不可计量的，驻守河南富金山要隘的宋希濂就记得这位漂亮庄严却一身尘土的蒋夫人走进战壕时，官兵们是怎样感动得泪水纵横，是怎样由衷地兴起了视死如归的战斗精神。但是美龄在对亲近谈及自己在战地所见所闻时，却绝口不提这些历险的故事，张紫葛只得自己向宋希濂等人打听，才知道表面看来娇贵庄严的蒋夫人，背后有这样惊人的意志力和勇气。

　　12月初，南京局势吃紧，蒋介石原本就把抗战的最后基地和基本战线放在粤汉、平汉两铁路以西，于是决定把国民政府暂时迁往武汉，工厂、政府机构和私人企业则迁往重庆，准备将四川建设成坚持长期抗战的大后方。必须弃守南京，对美龄来说，又是继故乡上海被占领之后，另一次心痛的离别，自从和蒋介石结婚，她已经在此地生活了10年。更令人痛心的是，当美龄刚试着在武汉安顿下来的时候，就听到日军攻破南京城后，进行惨无人道的屠杀行为，30万人遭到日军以各种残忍的方式虐待凌迟致死。这种屠杀的规模和恐怖，恐怕是历史上首次出现。

在武汉期间宋美龄召开了庐山妇女谈话会，召集来自全国各地、各党派的妇女代表，决定将原本的"新生活运动妇女指导委员会"改组扩大为全国性的动员领导妇女参加抗战建国的总机构。"妇指会"改组后，美龄更加忙碌了，她不断出入保育院、妇女干训班、伤兵医院、寒衣缝制所和疏散女工的收容所，指导武汉及大后方的妇女工作。她总是穿着朴素的蓝色工作服，带领妇指会的慰劳组到伤兵医院里慰问伤病员，代伤员写信，帮助伤兵做好个人卫生，换药、唱歌，与伤兵谈心。她慢慢地走过每一张病床，在每张床前放下一块毛巾、一个罐头和一包糖，并不时询问伤兵的生活状况，她也亲自帮伤员换药包扎，嘱咐医师改善医疗状况。

妇指会也成立妇女干部短期训练班，学员经过三个月的训练后，分配到各省去做指导工作，她们的任务是：到战区前线及后方协助军队，扶助伤兵、难民，创立妇女救护队，分赴各伤兵医院和战区担任救护工作，组织宣传队、慰劳队，以激励前方将士英勇作战。这样的训练方式就像播种一样，把妇女工作的种子传递出去，让它不断地衍伸，散布到每一个角落去。

武汉失守后，美龄跟着国民政府辗转到了大后方的重庆，在这里妇指会的工作很快地又发展起来，并在1939年的妇女节达到了一个高峰，妇女们热心地贡献自己的力量，相信自己可以对祖国有所贡献，而且她们的工作的确收到一些实质的效果，妇女慰劳团到军中为士兵打气，大大地减低了新兵脱逃的比例，大抵有点怕在勇气上输给女子的情节作祟。而棉衣运动和各种募款活动，确实为没有现代财政基础而物资缺乏的国民党军队提供若干的帮助。妇女节当天，重庆市的妇女举行了游行，盛况空前，重庆的各机关学校、工厂，妇女一律休假半天，电影院也对妇女免费招待。此时距离女人缠小脚、不许出门抛头露面的旧中国时代，不过短短二十来年之久。

　　到重庆后，由于成年累月生活在多雾的山城里，加上疲劳和失眠，宋美龄的身体越来越差。1937年摔断的肋骨虽然接上了，但仍经常隐隐作痛。后来又得了鼻炎，1939年12月香港来的医师为她作了鼻腔手术，但是情况却没有好转。1940年2月，美龄前往香港作治疗和休养，住在霭龄在香港沙逊街的宅第里。此后的六个星期里，这个房子充满了热闹的气息，当时住在香港的庆龄也搬过来暂住，三姐妹暂时摒除了政治的歧见，快乐地度过了一段十余年来从未有过的家庭生活。"统一战线"已经在这所宅第里成为现实。三姐妹每天一起聊天，一起下厨房，一起说着外人难以理解的昔日家中的笑话，互相试穿彼此的衣服。美龄还给两个姐姐各买了一条便裤，并吩咐霭龄，去重庆时，一定要穿这条便裤。

三姐妹于是决定一起回到重庆，此时正值汪伪政府在南京成立，三位夫人一起在大庭广众中露面，对艰苦抗战的人民会是一个很大的鼓舞，人们就不会再相信宋家分裂和国民政府分裂的谣言了。1940年3月31日，孙、蒋、孔夫人搭机前往重庆，三个人的行李里都有一条美龄带来的便裤。美龄骄傲地带着两个姐姐参观妇指会。儿童节那天，三姐妹买了五百多份精美的糖果，分赠给战时儿童第一保育院的难童。之后的几天里，她们又一起视察了断垣残壁的市区，听陪同人员讲述重庆大轰炸时的情景，当年的重庆获得了"世界上被轰炸次数最多的城市"的"美誉"。此外她们还慰问了伤兵，出席各种欢迎会、宴会和茶会，还一起在重庆中央广播电台向美国听众发表广播讲话，由美国NBC电台对全美广播。一个多月后，霭龄和庆龄搭机返回香港，虽然这次她们停留的时间并不久，但已经给了人民强烈的印象，尤其是庆龄的特殊身份，使她所到之地总是受到群众的热烈欢迎。

1941年12月7日，日本未经宣战，偷袭美国空军基地珍珠港，次日美国对日宣战，太平洋战争于是爆发。同日蒋介石决定脱离自卫抗战的阶段，正式对日宣战，并提议太平洋战场所有参与国建立军事同盟，但是军事同盟在一开始就遭遇到困难，英国表示他们对日作战只是为了保护自己的殖民地印度，为了进一步联合英国与印度共同对抗日本，蒋介石与宋美龄决定出访印度。这次的访问成效相当有限，但是与甘地相见的一段经历却颇为有趣。甘地赠送美龄一部纺车，并对她说："你们有武器，我也有武器，现在将我的武器送一件给你。"蒋介石试图以协助印度独立来当做交换的条件，但是甘地却是一个不拿伤人武器的圣雄，他巧妙地幽了蒋氏夫妇一默，两人只得无功而返。

鉴于珍珠港事件后，美国对亚洲战场的态度不变，又适逢到华做客的威尔基邀请宋美龄访美，蒋介石抓住这次机会，决定派他风华过人的妻子前往美国访问，获取美方更大的援助。在此之前，美国已向盟军提议，单独划出中国战区，成立中国战区盟军统帅，由蒋介石担任最高统帅，蒋为了向美国致谢，提议由美国派一位将领来华担任统帅部的参谋长，于是罗斯福派已有中国事务经验的史迪威将军就任。

史迪威与蒋氏夫妇算是旧识，但是在这个工作上，蒋与史迪威却发生了严重的冲突，宋美龄必须经常请史迪威共进午餐或喝茶，以安抚他的情绪。史迪威虽然与蒋介石不合，却相当敬佩宋美龄，他甚至戏言拯救国民党军队的办法，就是请宋美龄出任国防部长。

军队作战需要大量的金钱物力，然则当时现代金融体系尚未建立起来的中国却无法提供这样的支持，因此必须仰赖国际的支持。1942年11月至次年7月，美龄出访美国和加拿大，历时七个半月，往返旅程5万英里，足迹遍及华盛顿、纽约、芝加哥、旧金山、洛杉矶、渥太华等地，一路受到热烈欢迎，掀起一阵"宋美龄旋风"。1942年11月27日，宋美龄抵达纽约，由于她此行的另一目的是治病，因此住进长老会医疗中心。翌日下午，罗斯福总统的夫人埃莉诺前往医院探视宋美龄，她显然很喜欢这位纤小的中国太太，"我真想帮助她，照料她，把她当做我自己的女儿一样"，她还邀请美龄到白宫共进晚餐。

1943年2月18日，宋美龄应美国国会的邀请，分别向参、众两院发表演说，成为在美国国会发表演说的第一个中国人。她身穿一件黑色紧身长旗袍，一头柔和的黑发风雅地盘在颈后，原本的计划并没有要在参议院演讲，她只得即席发言，虽然略有点紧张，仍然博得满堂彩。稍事休息之后，她登上众议院会议厅的讲坛，发表了轰动一时的演说，她呼吁西方国家不应过度恐惧日本，而且要注意当日本占领中国土地、使用中国资源时日越久，则力量更为强大，并希望美国把注意力转向日本，摧毁这个好斗民族的所有武装力量。这场国会演说，透过无线电向全美广播，引起美国听众热烈回响，一时兴起一股吹捧宋美龄的旋风，她所到之处，无不引起万人空巷的热烈欢迎和引颈探望。宋美龄访美获得极大的成功，使得美国民众进一步了解中国的抗战事业，促进美国对华援助，还接受了各界人士的大量捐助。也正是有这次访问成功地塑造了蒋介石抗战英雄的形象，才有罗斯福邀请蒋介石参与开罗会议的重大的外交进展。

　　1943年11月23日，开罗会议在埃及召开。在这个会议里，决定了台澎、澎湖列岛、东北等地在战后归还中国。然而，虽然这次会议是中国恢复主权、重新站上国际强国地位的重要象征，却也暴露出乡下人进城的窘态。丘吉尔和罗斯福各自带了二百多名的文官武官，但中国方面蒋氏夫妇、侍卫、从员加上老妈子一起算进去，也不过二十来个人。罗斯福与蒋介石长谈之后感到相当失望，他发现这个中国的所谓抗战英雄，似乎是一个只有蛮横的意志力却缺乏现代政治军事常识的莽夫。然而不管他对蒋介石满不满意，当时他只有蒋一个选择，而蒋也的确守候到了他的胜利。1945年8月5日、6日，美国先后在日本长崎和广岛投下原子弹，日本宣布投降。

中国八年的艰苦抗战终于结束了，史迪威曾如此批评过蒋介石的战略："待得久的得胜"（winning by outlasting）。但是蒋的确是借由"持久"等到了胜利，他利用空间换取时间，然后用得来的时间等待国际局势的改变。蒋清楚地看到，凭借中国当时的战力，是不可能靠自己的力量战胜的。然而当所有人都怀抱着悲观的想法，甚至开始"务实"地与日本建立关系，他却凭借着超凡的意志力与信心，坚持抗战直到最后一刻。蒋介石或许不是完美的英雄，却的确拥有历史在那个时刻所要求的领导人格。

"肩负中国命运"的"革命"伴侣

　　一向崇拜蒋氏夫妇的亨利·鲁斯，在1937年的《时代》杂志上选蒋氏夫妇为年度风云人物，又把他们的照片当做1938年第1期的杂志封面，这样一副中国新时代领导人坚苦卓绝地带领人民抵抗残暴侵略者的形象，深深植入中外人士的心里。而他们也的确没有逃避使命，当姐姐霭龄避居香港之时，美龄留在饱受日机轰炸、断垣残壁的南京，与丈夫共生死，她积极地利用自己的地位和影响力，动员中国的妇女加入战争，并利用自己娴熟的英文、对美国的理解，不断地传出电讯对西方国家报道中国战场的事迹。虽然她总是有浪漫的倾向，对实际的战略也没有太多的了解，因此总有对国民党军队的英勇抗战过度美化的说辞，导致西方国家日后了解实况后感到有严重落差。

■ 抗战时期悬挂于重庆的蒋氏夫妇巨像。

■ 即便在战乱时也不忘整洁与仪容，原本是美丽女人的天性，但是落入了道德标准高于常人的轶闻作家眼里，就成了奢华与没吃苦的同义词了。虽然以宋美龄的家世，一定戴得起昂贵的珠宝首饰，她鲜少使用这些奢侈品，一顶阔边的大草帽就是她四处巡行的必备行头。

■ 1939 年，宋美龄与蒋介石视察綦江县，与当地的女学生闲聊。

65

三姐妹在渝

1940年3月，日本扶持汪伪政府在南京成立，当时在香港养病而与姐姐们十多年来达到空前谅解的美龄，便邀请孙、孔夫人与她一起回到大后方重庆，鼓舞艰苦抗战的中国人民，粉碎国民政府分裂的谣言。此后的一个多月，三姐妹的身影出现在重庆各种公众场合，保育院、防空洞、妇指会、伤兵医院。虽然庆龄与蒋介石仍存有芥蒂，但是面对抗日的共同目标，他们暂时放下了政治的歧见、过去的不快，表达了他们对抗日必胜的信心。

■ 1939年，美龄到香港治病后，与两个姐姐一起返回重庆。庆龄也难得撇下她与蒋介石多年的恩怨，一道露面以挫汪伪政府的锐气，提振抗战人民的信心。

67

■ 1939 年 4 月 8 日，宋氏三姐妹一起视察了重庆大轰炸后的市街，背景后方的"中苏文化协会"字样见证了抗战时期国共合作的历史，而三姐妹一同出现，更是"统一战线"的具体而微。

■ 能够把两位姐姐一起请回重庆，美龄显然是得意又快乐的，她脑里盘算了许多全家团圆庆祝的美好计划，却没有想到国共对立已经逐渐酝酿中，届时她又难免与庆龄站到对抗的位置上。

■ 虽然两位姐姐还是没有依照约定穿着美龄送的便裤在重庆市里亮相，但她还是显得十分愉快。

■ 各式各样的邀约让三姐妹应接不暇，这天她们又应邀演讲。美龄在台上演说，大姐霭龄含笑地听着，庆龄还是一派国母的庄严肃穆。

■ 宋氏三姐妹到保育院里探视难童。三姐妹中只有蔼龄曾经生育子女，果然比较懂得哄小孩，一到就把一个小男孩搂进怀里。

■　三姐妹在重庆的团聚不仅激励了中国的
国民，她们也一同对美广播，强调中国坚
持抗战的决心。

■ 在茶会上，三姐妹端坐着让记者拍照。

美龄在公开场合总是佩戴"中国空军"的
金质徽章，她认为"中国空军"的建立是
她对抗战最直接的贡献。此时她侧过身，
听二姐庆龄说话。

大后方的精神

"新生活运动"或许从来没有深入民间，但是因新生活运动而成立的"新运促进总会妇女指导委员会"（亦即妇指会），却成为抗战期间相当重要的妇女动员团体。她们开办干部训练班，把训练好的干部派出去，就地组织训练妇女救护队，对往往伤亡惨重、却苦无医疗和物资的国民党军队有相当大的帮助。而大后方作为抗战根据地，也吸引了大量的学生、爱国人士，到大后方来与国家共存亡。虽然四川当时工业尚未发达，国民政府迁都重庆后，各界人士涌入大后方，造成消费者比生产者多的资源缺乏窘境，但却也养成一种艰苦生信心、共赴国难的大后方精神。

■ 1941年2月19日，新生活运动七周年纪念，蒋氏夫妇一起参与了妇女工作比赛的开幕活动。蒋介石对于战时妻子所从事的妇女工作一向是非常支持的。

77

■ 中午，美龄和与会的民众一起用便饭。"新运"强调吃饭最好不要超过四菜一汤，桌上的盘子数好像超过了这个数量，但是地位高贵的蒋夫人如此亲民地和民众用便饭，加点小菜应该无伤大雅。

80

患难夫妻

在这段艰辛的岁月里，夫妇两人的相互提携就成为最大的安慰。蒋介石在重庆时因为压力过大，原本就容易激动的情绪，导致了烦躁和失眠，这让宋美龄相当担心。当时美龄的助理张紫葛就记录了他陪美龄去帮蒋介石抓药，回来后，美龄叫侍从在厨房搭了一个临时灶，接着蹲在灶前，挥汗如雨，添柴煽火，照着中国古代贤妻良母的典范行事——亲侍汤药。即便公事相当繁忙，她一天睡不到五小时，却总是惦记着安排一些小型的视访出游，让情绪紧张的蒋介石可以出来透透气、散散心。

■ 当天晚上在夫子池，蒋氏夫妇针对"新运"七周年发表了广播，并和工作人员聚餐。他们用餐盘分菜，果然有"新运"推行的卫生观念。

■ 1941 年 8 月，蒋氏夫妇视察在他们
歌乐山住宅后的防空洞。重庆作为陪都，
一向是日机轰炸的重点，常在家里熬夜
工作的美龄，听到警报往往也不急着避
难，坚持要把手上的事情处理完，常让
跟她一起工作的助理急出一身冷汗。

■ 蒋氏夫妇于 1941 年 10 月前往湖南
视察，利用了一点时间寻幽访胜。宋美
龄还是不忘带着她夸张的阔边草帽，两
人坐在树下合影，谈起一点生活趣事，
展现了战乱时期中难得的笑容。

84

■ 黄仁宇提到他在重庆读军校的时候，曾遇蒋介石亲往阅兵，他描述蒋形容憔悴，十分消瘦，不复他们印象中英姿勃发的蒋委员长。重庆时期的蒋介石饱受失眠和焦虑的苦恼，而一向走在时代前端的宋美龄却令众人跌破眼镜，扮演起贤妻良母，为蒋的病况想方设法。

"中国空军之母"

中国空军创于1932年，但是数量不多，亦无实战经验，主要工作是载着蒋氏夫妇到各地视察，几年下来，他们几乎走遍了全中国。抗战爆发前夕，宋美龄感到有必要加强空军实力，就主动担任航空委员会秘书长，找来陈纳德整顿中国空军，在中国飞行员充分完成训练之前，又成立美国志愿飞行大队，他们把机身画成日本人最害怕的虎鲨，因此又称"飞虎队"。但是由于美国空军军官对战时国民党有所不满，到了1942年7月，此善战的"飞虎队"已名存实亡，除了五名队员留下外，其余都辞职返国，后来虽又有数以百计的美国飞行员加入，但已非当时创下奇迹的英雄队伍了。宋美龄时常出席空军聚会，甚至为即将上战场的将士献吻、拥抱，这在美国习俗中原本没有什么，但是看在保守的中国社会里就不是这么一回事了，因此许多关于她与空军军官的蜚短流长就开始传布了。

■ 1942年4月17日，宋美龄代表中国文化协会以海鹰图致赠中国空军美国志愿队。但是到了同年7月，此善战的"飞虎队"已名存实亡。

■ 1942年2月，蒋介石在昆明宴请"飞虎队"，身为中国空军的创立者和推动者，宋美龄列席发表了演讲。次日上午，陈纳德陪同蒋氏夫妇到机场准备返回重庆，突然一声呼啸，七架加满了油的"老虎"从空中一头冲下来，两人吓得慌忙趴在满是尘土的地上。"飞虎队"的美国空军军官对战时国民党多有不满，可从这个事件窥出一二。

夫人外交

宋美龄除了利用她的英语能力，成为中国抗战开往世界的嘴巴，撰文写信发电讯报告中国战况外，她也陪同丈夫出访印度。1942年又只身前往美国，进行七个多月的访问，掀起了一阵"宋美龄旋风"。她让美国人认为中国人都是像她一样的聪明美丽而且开化，并且把中国抗战浪漫化成一场圣战。宋美龄成功地把蒋介石政府拉提到与西方盟友同等高度的形象，美国人开始回想起中国曾经是多么伟大的国家，而这个国家将要在新时代领导人的手下复兴了，罗斯福邀请蒋参加开罗会议，与同盟国的两大领袖平起平坐，这是空前的外交胜利。

■ 1939年11月9日，宋美龄以茶会招待外宾，并领他们参观熊猫。次年，她将这只熊猫送给慷慨捐助的美国妇女援华运动委员会，或许可称为"熊猫外交"的先声吧。

■ 宋美龄于 1942 年前往美国，进行
七个多月的访问，获得空前成功。图为
1943 年 2 月 18 日，她在美国众议院发
表著名演说的情景。

■ 1942年2月，蒋氏夫妇访问印度，并会见印度圣雄甘地。甘地没有答应任何以武力相助的条件，反倒送给宋美龄一架纺纱车。

■ 1943年年底，罗斯福邀请蒋介石参与开罗会议，可谓蒋介石个人政治生涯的高峰。蒋虽然是传统军事体系下崛起的人物，但对于现代传媒的效果却相当有概念，即便他一句英语也听不懂，得仰赖美龄给他做翻译，还是随时可见他似与罗斯福、丘吉尔相谈甚欢的情景。

战火中的坚毅女性

宋美龄在战火中的形象虽然亦有被高度神化的可能性，但根据各项可信的资料，她的确有若干凡人所不能为的惊人勇气与毅力。她在重庆时几乎是不眠不休地工作，她自己没有儿女，因此对照顾战争的难童非常重视，把他们当做自己的孩子，要他们叫她"妈妈"。她可以半夜穿着布鞋运动衫把所有的工作人员一起喊起床，去港口迎接刚由战地送来、几天几夜没吃好的难童，有的难童又脏又病，她却不以为意地把他们紧搂在怀里。到伤兵医院探视时，病人伤口红肿发炎、惨不忍睹，她也亲自为他们包扎。有一次一个病人见到她来，觉得很惭愧，因为他在医院里，已经见过夫人八次了，他认为自己好得太慢，对不起夫人。

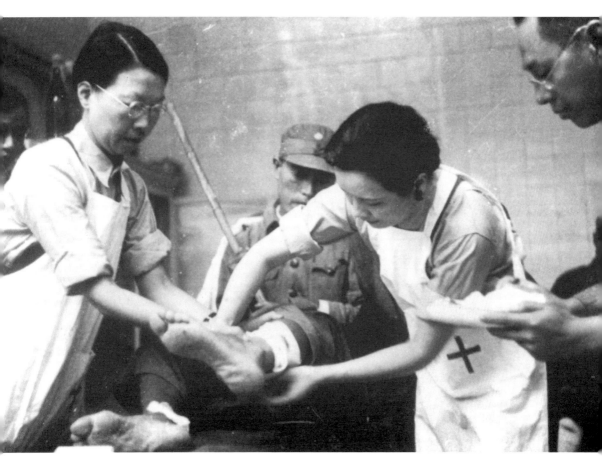

■ 宋美龄一手创立的妇指会，时常穿梭
于后方的大小伤兵医院，亲自为伤兵包
扎慰问，留下了无数"中国南丁格尔"
式的身影。

■ 同样由妇指会推动的棉衣运动，旨在为前方物资缺乏的将士做征衣，美龄从小由母亲教授缝纫女红，做起来也是得心应手。

■ 1940年8月，重庆又蒙受日机的狂
轰滥炸。8月23日，宋美龄到受轰炸的
灾区视察，到"新运"总会设立的难民饮
食茶粥摊，亲自施粥慰问，难胞们无不
深为感激。

■ 棉衣运动为将士募集了大量的保暖衣装，而且其中有许多件还是蒋夫人亲手缝纫的，在封建观念未曾远去的战时中国，光是想到这一点就会温暖很多将士的心。

4

国共内战期间

◎ 国共内战的阴影

◎ 意义非凡的特使

◎ "中国第一夫人"

◎ 意气风发

◎ "开往西方的耳朵和嘴巴"

◎ 女人事天下事

◎ 山雨欲来风满楼

1944年6月，美龄的身体每况愈下，她决定按照医生的建议，到当时在巴西的霭龄住处休养，三个月后，她与姐姐搭机前往美国，又在美国住了10个月。由于在开罗会议之后，重庆市里绘声绘影地谣传蒋介石有了情人，而她又紧接着决定出国休养，人们开始认为这次美龄要永久地离开战乱的中国、不忠的丈夫了。为了平息这些谣言，在美龄动身之前，蒋介石特别举办了一个茶会，邀请中外人士参加，他们一起向宾客们不厌其烦地进行解释，说他们相当恩爱，过着美满的基督教徒婚姻生活。当然她这次离开的时间这么久，又不像之前她出访美国的七个月那样有明确目的，的确让人感觉到她的离开别有原因。

不管事实如何，1945年9月5日，日本向中国递交投降书的两天后，美龄回到了重庆。然而抗战胜利并不足以解决中国遭遇到的所有问题，首先蒋介石与苏联在东北问题上发生了矛盾，根据苏联与国民政府签订的中苏友好条约，规定在日本投降后，苏军三个月内完全撤出东北。但是到了1945年12月3日期限已过，苏联还没有撤军的打算，借故要拖延到次年2月1日完成撤军。早在日本正式投降前，蒋介石就派遣他曾到苏联留学的长子蒋经国担任东北特派员。10月12日，蒋经国在长春与苏联红军马林诺夫斯基展开首次谈判，他发现大量中国共产党员正在苏军的掩护下涌进东北，将来必引发问题。果然在11月初，即出现苏联守军故意玩忽职守，让共产党军队进入外交特派员公署附近。为保护官员们的安全，蒋经国要他们退回北京。在苏方致歉之后，比较顺利的第二轮谈判才在11月底开始。在这一段中苏关系比较融洽的"黄金时刻"，蒋经国向父亲建议，为平衡中美、中苏关系，便利国民政府接收东北，主张在红军撤出东北之前，请宋美龄来长春进行慰问。

蒋氏夫妇接受了，蒋经国亲自前往重庆接宋美龄同往。1946年1月22日，搭载着宋美龄的专机抵达长春，她身穿褐色皮大衣，头戴貂皮高帽，两手穿貂皮袖筒，由蒋经国搀扶着缓缓走下飞机，与前来欢迎的苏联红军参谋长等高级官员握手示意。第二天进行了劳军慰问，到苏军总部会见苏军高级将领，根据长春公署的官员张令澳回忆，会场气氛似乎很冷淡、严肃，宋美龄面无表情，言语不多。晚上由中方举行宴会，邀请苏军将领出席，宋美龄致词的稿子是蒋经国草拟的，也由他翻成俄语宣读。第三天一早，蒋经国就陪着宋美龄回北京去了。这次的慰问流于形式，中苏双方都缺乏热忱，从此之后，中苏关系短暂的"小阳春"又趋于冰冷了。1946年10月，蒋经国也辞去特派员职务。

虽然宋美龄对这次的慰问似乎不太热心，但是她回到南京不足一个月，又启程前往新疆，以深入了解中苏冲突的另一侧面——新疆问题。这次她秘密前往新疆又找到了重庆时期担任她助理的张紫葛做地陪，因此留下了丰富有趣的北国历险记。她拉着张紫葛带她到处寻访各种立场的人聊天讨论，从地方贤达到贩夫走卒，没有一个人的话她不是认真聆听追根究底的。长春公署的张令澳以为让蒋夫人如此冷淡的理由是她不喜欢北国的天气，又与俄人语言不通，但是在同样寒冷语言不同的新疆，宋美龄却仍精力旺盛地到处走探，显然她不爱赴长春慰问的理由是因为徒具形式，而她本性是一个喜爱冒险、独立克服难关的人。在冰天雪地的新疆，她甚且拖着张紫葛深夜跑到迪化的夜市里冒险，险些被当地仇视中国人的维吾尔族青年非礼，还好张紫葛应付得当，两人才得以脱身，回程的路上美龄还大呼值得，认为获得了当地民情第一手的信息。美龄所带回的珍贵资料，的确为蒋介石处理新疆问题提供了宝贵的参考。

　　然而除了这些对外的冲突之外，国内的情势也节节高升，国共合作在后期已因为新四军事件濒临破局，随着抗战结束共同的敌人消失了，内战的阴影便匍匐在人们等待多时才望见的胜利朝阳普照不到的角落，蓄势待发。经过这么痛苦且长久的战争，人民自然不希望再发生战事，二战结束之时，苏联为同盟国之一，美国亦不希望中国再起事端，徒然破坏战后的和平，因此派出特使马歇尔赴华调停。各党派于是在重庆召开政治协商会议，旨在协调战后的政治势力，共同为行宪立国而努力，但协商过程却因为国民大会上代表席次的争议，宣告破裂。1946年6月17日，国共内战正式开始。

　　蒋介石原本以为与共产党之战可以速战速决，大抵他刚打赢了一场不可能的胜仗，踌躇满志，心想连日本他都可以打败了，何必惧怕物资和训练远比国军还差的共产党军队。他低估了共产党军队的作战能力，也忽略了当时民心的向背，他以为共产党军队是一股作乱的势力，要恢复国家的主权，当然要对付这股势力。在这一点上，宋美龄与他采取相同的态度，但是她是从西方基督徒的角度来看待共产党问题的，作为虔诚的教徒，她无法接受共产党对宗教的摒斥，更讨厌他们煽动年轻人鼓吹无产阶级革命。现代基督徒的伦理观，原本就是一种清教徒式的伦理，也就是努力工作以荣耀上帝，而在资本主义社会里，有没有资产代表了你是否认真工作。她的反共立场或许远比蒋介石鲜明得多，蒋介石是个实务主义者，他之所以反共，是根据经验的了解，也是根据实际利益的考虑。

协商破裂之后，南京政府即开始召开国民大会，准备正式进入宪政时期，1948年4月19日，蒋介石高票当选中华民国第一任总统，由于国大是在国难当前时召开，因此各省代表借机反映地方困境，并批评中央领导人。尽管国大秘书已尽量缩短发言，但大会一开始即充满火爆的言词。紧接其后的副总统选举更是一场恶战，国民党党中央支持孙科，但是李宗仁挟着台儿庄大捷的战争英雄身份，拥有桂系人脉和不满政府人士的拥护，又暗中获得美方支持，4月29日李宗仁以百余票之差险胜孙科，当选第一任副总统。李宗仁的胜选被视为党内非主流派成功挑战党中央的结果，使得蒋、李两人矛盾加深，选举过程中，国民党各派系互相抨击诋毁，旧有的心结演变成仇怨，延烧到军中，为原本就失利的战局增加许多变量。

虽然是在这样的局势之下当选为总统，蒋介石还是认为自己经过这么多年为党为国的奋斗牺牲，终于等到了经由选举选他为中华民国第一任民选总统的一天，这是历史性的，也是值得骄傲的。5月20日，蒋介石宣誓就职，开始以总统身份统领这个风雨飘摇的国家，宋美龄也成了真正的"中国第一夫人"，当选后他们率领政府官员前往中山陵祭拜，也到战亡烈士纪念祠里献上花圈，大批的中外记者、各国友人蜂拥向他们道贺，一时之间，噩耗频传的战事似乎被抛在脑后了。夫妇俩面带微笑地在还都后的南京官邸里闲谈公事，美龄也恢复了作画的嗜好，经过这么痛苦的战争洗礼，每个人都希望能够抛开一切尽情地享乐一番。美龄深刻地明白这个感受，于是在官邸的草坪上办了餐会款待来南京开会的女国代们，微风、音乐、美食、笑声，晚春的南京城在花团锦簇下，也暂时遮掩了战后的残破不堪。

然而在战后金融体系全面破产、经济彻底崩溃的威胁之下，南京城款待国代的各种风雅景象，就像一座虚幻的孤岛，是一群坚持要住在自己的梦里头的人塑造起来的。国大开会期间，共计花费8040

亿元，计金价2万两，更不用说各派系为笼络国代，挪用公款设宴招待，花费更是难以估量。许多民众和知识分子看到这种丑态，便对国民政府彻底死心了。

1948年11月6日，共产党军发动淮海战役，重挫国民党军，到了11月13日，连蒋介石身边最忠心的幕僚、负责起草蒋所有文告和讲稿、号称"文胆"的陈布雷，也不忍见国民党败势吞药自尽，更让山穷水尽的蒋介石感到大势已去，但是他还是央求宋美龄再度前往美国求援，试图做最后的挣扎。宋美龄这次访美，受到前所未有的刁难和冷淡。首先美方只许她以私人身份前去，到了美国，没有欢迎的队伍，也不请她到白宫逗留；她到美国十来天之后，好不容易才见到当时的总统杜鲁门，但是杜鲁门却不打算给中国任何帮助。美龄在赴美求援失败后，就"无颜见江东父老"，隐居在美国纽约的孔家别墅里头，直到1950年1月返回台湾，从此，再未踏上中国大陆。1949年8月5日，美国甚至发表了中美关系白皮书，表达他们绝不支持蒋介石政府消灭共产党的战争，更毫不客气地指出，是国民政府自己失去了民心。此时正值国民政府戡乱"剿共"局势逆转、战事节节败退的当口，无疑是雪上加霜，严重影响民心士气。

1949年元月，蒋介石表示愿意重新开启和谈。为了争取谈判的可能，蒋介石于1月21日宣布下野，由李宗仁任代总统，与蒋经国返回奉化溪口老家。和谈于是在北京展开，中共开出《国内和平协议最后修正案》，并限期4月20日前答复，而且表示不管协议达成与否，都要打过长江。这等于是一纸敦促投降书或最后通牒，谈判人员飞回南京请示李宗仁，李亦不敢作主，便派人送至在奉化的蒋介石，蒋当然不可能接受。4月20日，共产党军队瓦解长江防线，三天后攻克南京，一个月后占领上海。

　　蒋氏父子回到溪口老家三个月，修家谱、拜祖先、辞亲友，还在这里为蒋经国过了40岁的正寿，蒋介石给儿子写了一方匾额——"寓理帅气"当做贺礼，至今还挂在溪口丰镐房蒋氏故居的报本堂上。1949年4月29日，蒋氏父子为了避免危险，选择一条偏僻路径，先坐轿子到团堧村，然后乘竹排小舢舨到清江转乘军舰。直到今日，当时负责撑排的团堧村甲长们，还记得蒋氏坐在排尾，在涨潮的悠悠江水中渐渐远去的情景。5月7日，蒋介石从上海乘军舰到台湾，国民政府也在12月7日迁至台北，结束了对中国大陆22年的统治。

国共内战的阴影

　　1945年9月3日，日本正式递出降书，中国抗日战争终于获得胜利，但是内战的阴影已经覆盖在战后满目疮痍的神州大地上。美国并不希望中国再起战事，于是派遣特使马歇尔前来调停。

　　■ 1945 年 12 月 21 日，马歇尔特使奉杜鲁门总统之命，来华调解国共冲突问题，蒋氏夫妇虽然热心地招待了他，却仍着手进行内战的准备。

意义非凡的特使

　　日本投降后，原本承诺将于三个月内退出东北的苏联红军没有依照协议撤退，当时被委任东北特派员的蒋经国几经折冲，终于在对苏谈判上获取突破，中苏关系有了改善的迹象。蒋经国于是央请宋美龄前往长春对苏军进行友好慰问，但是这次的慰问流于形式，没有实质的意义，但却也证实了宋美龄虽然没有实际的权位，她在中国政治上的地位却是获得国际一致认同的。

■ 日本投降后，苏联迟迟不肯撤出东北，任东北特派员的蒋经国在获取谈判进展后，邀请宋美龄赴长春慰问。1946 年 1 月 22 日，宋美龄抵达长春。

114

■ 整个慰问的活动相当形式
化，在你来我往备好草稿的
致谢词和致词中进行。

115

■ 宋美龄一向是坚决的反共分子，处在苏联红军间，她似乎显得拘谨小心，脸上的微笑虽然维持着，却总冻结在同样的角度。

■ 在冰天雪地又语言不通的东北，进行
一场形式性的慰问，对宋美龄来说并不
是一件有趣的事，整个过程中，她总是
态度冷漠，面无表情。

"中国第一夫人"

　　1948年4月，尽管与中共协商破裂，国共内战正在如火如荼地进行，蒋介石还是在南京举办了国民大会。在这个会议上，首度用自由选举的方式选出中国的第一任总统——蒋介石，宋美龄也因此成为中国第一位第一夫人。

■ 1948 年 4 月，蒋介石在南京召开行宪国民大会，是月 19 日，他以高票当选中华民国第一任总统。图为他在当选后于茶会中招待中外来宾时发表感言。

■ 5月20日，新科总统、副总统宣誓就职。这场就职典礼出了一个蒋介石恶整李宗仁的故事，李因为不知道就职当天蒋想穿什么，为求配合，便先向蒋询问，蒋便告诉他他将着军便服到场。到了会场，李穿上军便服并挂满了标榜战功的勋章，却见蒋一袭长袍马褂，相形之下，蒋一派温文，李却显得一副土里土气，在服装上，蒋巧妙地将了李一军。

■ 1948年行宪国民大会后，中华民国法统确立，南京政府正式开始办公。这栋总统府原为太平天国洪秀全的天王府，经改建为南京政府的总统府。就职典礼当天，总统府内新添朱红大柱，天蓝栏杆，宫灯盏盏，灯火辉煌。

■ 图为总统官印，是总统权力的具体象征。

意气风发

　　蒋介石于5月20日当选总统后，率领国民政府的官员，前往中山陵祭拜。单从政治意义来看，孙中山创建中华民国后，仍面临军阀割据的混乱局势，他因此有当时中国是"一盘散沙"的说法，民国二十五年制订宪法，又遇上了八年艰苦的抗日战争，直到今日才有实行的机会；今日蒋依宪法就任为总统，至中山先生灵前祭拜，颇有告慰先人的意味。讽刺的是，不到一年的时间，江山又易手于他人，此时的意气风发，不过是昙花一现。

■ 就职总统之后，蒋氏夫妇带领国民政府官员到中山陵祭拜中华民国的创始人孙中山。1929年6月1日，蒋介石将孙中山遗体由北京迁回南京政府所在地的中山陵安葬，并举办隆重的奉安大典。他邀请庆龄从莫斯科返国参加典礼，促成庆龄离开越来越不友善的苏联。

127

■ 结束祭拜，从中山陵前的阶梯步下，爱惜妻子的蒋介石轻挽着她的手臂，但习惯健步如飞的美龄却老走在前头，一时看来像是美龄在搀扶着年逾六十的丈夫了。

■ 历经战乱终于行宪立国，是该告慰先
人，然则此时内战的烽火已愈演愈烈，刚
到手的江山这次是否保得住呢？恐怕这才
是蒋介石心中正在思考的问题。

■ 还都南京当选总统后，蒋介石也不
忘纪念抗战中英勇作战的将士。虽然在
战争中，他时常鼓励士兵要"赶快地去
死"！但在日记中还是处处可见他的惋惜
和痛心。当权者时常有这两面，使后人
难以一时判其善恶。

131

"开往西方的耳朵和嘴巴"

自从与蒋介石结婚以来，宋美龄就成了蒋"开往西方的耳朵和嘴巴"，对于蒋这样一个受传统私塾训练长大、军阀体系里出身的传统人物来说，美龄所代表的进步和与西方的连结，是他极度欠缺的。在抗战期间，美龄为中国抗战做了很多宣传，而到了内战吃紧、金融体系解体，国内外的指责纷至沓来的时刻，她也守在他身边，尽力向西方的媒体、友人鼓吹中国必须内战的理由、反共的必要性。

■ 登上"中国第一夫人"的宝座后，宋美龄积极以新的身份向西方世界宣传反共战争的必要性，试图继续召唤西方关爱的眼神。

133

■ 当选总统后，蒋氏夫妇宴请外宾，在
众人的欢迎下步入会场。

■ 宋美龄与外宾一起步行前往某个庆祝当选的宴会。比较起外国官夫人的打扮和排场，这位第一夫人显然要比她们朴素多了。

女人事天下事

在南京举办行宪国民大会，最后演变成一则丑闻，副总统席位竞争激烈，带出了各党派用公款拉拢招待国代的丑态，为了让他们从各省来这里投这一票，国民政府花费了黄金2万两，让他们享用美食、安居愉快。选举结束后，新科的第一夫人宋美龄也办了一个盛大的茶会招待女国代，在草地上享用美食、聆听优美的音乐，与当时在战火余生后挣扎于生存的广大民众对照起来，这里无异乎一个梦幻的孤岛。

■ 1948 年 5 月底，制宪国民大会已告
结束，为了酬谢国代们的热情支持，宋美
龄在官邸旁的草地上办了茶会，宴请从各
省赶来开会的女国代。

■ 女国代们众星拱月地围在宋美龄身边，聆听她讲话。

■ 宋美龄周旋在这一群女人之间，殷勤地招呼、谈笑，连一旁的仆役也颇为其乐融融。

■ 宋美龄记性极好，见过一次她就可以正确无误地叫出对方的姓，她总是以时髦的方法称小姐为"密斯X"，使人感到亲切。

■ 受美式教育的美龄认为晒太阳是健康的，因此在草地上艳阳底下办宴会，女国代们似乎也被温暖的阳光晒暖了心房，一个笑得比一个开心。只是随侍的老妈子似乎有点受不了，频频拭汗。

■ 终于可以喘口气坐下来吃东西了，还得一边注意会场的大小情况，有没有人被冷落了，每一桌的气氛是否都愉快？美龄一手拿着汤匙，要把汤凑进嘴里，眼睛却丝毫不在食物上。要当个称职的女主人，可能比到战场上冲锋冒险还要困难呢。

■ 戴着她必备的宽边大草帽，美龄展露了忧患再度来袭前的欢乐笑容。

■ 一位维吾尔族的女国
代，将维族传统的帽子戴
在宋美龄头上，引起周遭
的笑声。

140

■ 宴会即将告一尾声，与会的女国代排排或站或坐在会场的椅子上，合影留念。美龄头上还戴着维族的小帽子，众人觉得好笑，纷纷看着她，成功地使她成为画面的中心了。

山雨欲来风满楼

　　1948年年底，金融体系彻底崩溃，社会动荡不安，民众对国民政府的不满累积至最高点，在军事上，国民党军队亦节节败退。为了挣扎最后一点生存的希望，美龄又再度前往美国寻求援助，这次她再也没有掀起什么旋风，美国已经对国民政府彻底失去信心。此后不到半年，共产党军队就攻克了中国大部分的土地，蒋介石离开大陆，前往台湾，政权就此易手。

■ 1948 年下半年，国共内战战情告急，
宋美龄赴南京驻军探视。图为探视时所
见的行军队伍。

■ 美龄探视时神情肃穆，显然也已感觉到局势的变化。

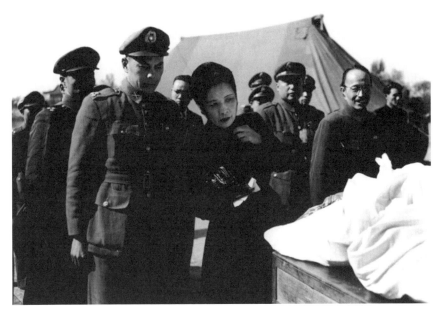

■ 在驻军将领的陪同之下，宋美龄检视国民党军队的装备状态。

■ 探视结束之前，美龄坐下来题字勉励官兵将士。

145

5

赴台之后

"霭龄爱钱，庆龄爱国，美龄爱权"，是传记作家最喜欢引用的一句评述宋氏三姐妹的话，但这评语是否贴切呢？宋美龄在国军节节败北之时赴美求援，饱受杜鲁门的冷淡和鄙夷，她没有立即返回中国，反而在美国待了一年多，当所有人都以为她将抛弃沉舟一般的国民党和过气的蒋介石之时，她又毅然地返回丈夫身边。这时的蒋介石，是失掉江山的失败者，蜗居在台湾这样的弹丸之地，前途未卜，随时有可能被一举歼灭，如果美龄真的只爱权力，又何苦与他共生死？

　　1950年1月1日，蒋介石在台北发表《元旦文告》，表示要反攻大陆，反共到底。在美国的宋美龄立刻决定回到台湾与丈夫共赴"国难"。1月8日，她在纽约发表离美返台的告别演说，声称："只要吾人一息尚存，对全能的主宰具有信心，绝不终止奋斗，苏俄绝不能永久据有中国。"并说："吾人势必反攻大陆，重建自由康乐的国家。"1月13日，宋美龄飞抵台北。

　　3月1日，蒋介石宣布鉴于"代总统"李宗仁已远走美国，他将在台湾恢复"中华民国总统"的职务，宋美龄身着旗袍，满面笑容地陪同蒋介石参加复职仪式，以实际的行动表现了她对丈夫的支持。回到

148

台湾的美龄又即刻着手她最熟悉的妇女动员工作。4月17日，她成立"中华妇女反共抗俄联合总会"，简称"妇联会"，成为台湾最重要的妇女团体，她被推选为主任委员，蒋经国的俄国夫人蒋方良和蒋纬国夫人石静宜也都加入了"妇联会"。"妇联会"发起了像"缝征衣"、"慰征属"的活动，透过台北各报以特写专栏的方式广泛地传播全岛。多年来"妇联会"经手缝制的军衣和鞋袜等，不下千万件，成功地创造了负隅顽抗、坚忍卓绝等待"复国"机会的复兴基地形象，为巩固台湾的蒋介石政权立下了不少汗马功劳。

蒋氏政权在台湾的第一个夏天，原本命在旦夕的孤岛，在朝鲜战争里找到了生存的机会。在名将麦克阿瑟的进言下，杜鲁门一改过去"放手不管"的对华政策，把台湾列入太平洋防线之内，试图使台湾成为美国在东亚的"一座不能击沉的航空母舰"。蒋介石因而得到了宝贵的时间巩固自己的基础，他任命陈诚为台湾省主席，开始着手在台建立稳定的币值和金融体系，并从事经济建设。

另一方面，宋美龄仍努力利用她与美国的关系进行各种外交底盘下的宣传游说活动。1950年8月，宋美龄和一些美国友人及亲台湾的人士组织了"院外援华集团"，专门进行攻击中华人民共和国以及传布台湾民主发展的宣传活动。1952年8月，她飞往华盛顿，与《时代》杂志的创办人亨利·鲁斯等人在1953年创建"中国游说团"，成员遍及美国参众议员、三军将领和实业界巨头，他们都是顽强的反共分子。该团的活跃分子，"游说红人"陈香梅，陈纳德将军的夫人，在50年代经常出入美国白宫和国会山庄，为宋美龄出了不少力。

东欧赤化和朝鲜战争爆发后，美国警觉到共产主义对西方民主社会的威胁，为了箝制中共和苏联，开始加强与台湾的连结。1952年底，艾森豪威尔当选总统，坚持反共的杜勒斯担任国务卿，推行强硬的反共政策，对铁幕国家进行封锁。1953年11月8日，艾森豪威尔派副总统尼克松访台，"外交部长"叶公超提出缔结防御条约的建议，但是彼此对金马地区是否列入协商范围发生歧见。经双方一再磋商，才于1954年12月3日正式签订"中美共同防御条约"，并提供大量美援支持台湾的经济发展。似乎有证据显示这些台湾在外交上的重要突破发生前，宋美龄都曾以各种理由赴美，暗中为台湾外交进行许多努力。

除了在政治、外交上持续发挥影响力，宋美龄也没有忘情她最喜爱的慈善事业，从一般的救济施粥、发配补给品，到建设颇具规模的保育院。其中最受她关爱的华兴育幼院，包含两个让她动容的因素："反共爱国"与战争难童。1955年1月，一江山岛陷共，守军720人死亡，继之大陈岛居民奉命转进台湾，嗷嗷待哺之遗孤难童数百人，亟待教养。她创立华兴小学兼育幼院为遗孤难童解决就学、就养问题。从育幼院创办以来，每逢假日、过年过节，都可以看到宋美龄前来探望，夹菜喂饭，教女孩们做女红，兴奋地向随行的记者展示院童获得国际儿童绘画比赛冠军的作品。

1964年，宋美龄看到岛内成千上万因小儿麻痹而成为残障的儿童亟待医疗救援与复健，便创办了振兴复健医学中心，并亲自出任董事长。经过三年的努力，于1967年正式成立，针对年满4岁以上、25岁以下的病患免费提供外科矫治、职能治疗、听语治疗、心理治疗、复健护理以及社工服务，同时也提供职前训练以及义肢支架装配，受惠的病患平均每年高达千人次。宋美龄对于振兴医学中心的病童一样是频繁探视与悉心慰问，或许她对于广大难童病童的爱心，是为了弥补她自己没有生育的遗憾吧！

1960年6月18日，美国总统艾森豪威尔进行远东之行，蒋介石亲自到松山机场接机。他们在晤谈中达成在"中美共同防御条约"下紧密合作的共识，艾森豪威尔相当客气地谈到双方在平时与战时都是关系密切携手合作的坚强盟友，透过这次访问的机会，使彼此能就各项共同问题亲密交换意见，是一件值得欣慰的事。整个会谈在极为亲切的气氛中进行，艾森豪威尔承诺继续提供美援，并且在蒋的坚持下，他也重申美国对金马政策不变，结束在台湾24小时的历史性访问后，艾森豪威尔前往韩国访问。艾森豪威尔访台被认为是台美传统友谊坚固不渝的有力表示，可视做台美关系的高峰，中共为了表示抗议，对金门施放"礼炮"欢迎，打了十多万发，全岛落弹密度不亚于"八二三"炮战。

1965年，约翰逊政府扩大越南战事，直接对越共作战，在东南亚点燃了战火，由于约翰逊政府希望在越战上能够获得蒋介石出兵襄助，又向蒋氏政权张开友谊之手，宋美龄因此于1965年8月22日访问美国。这次她又受到了铺红地毯的欢迎，参加了异常频繁的外交活动，她获邀到白宫作客，和约翰逊夫人相谈甚欢，又与约翰逊总统进行了单独的会谈。她还应邀到母校韦斯利女子大学发表演说，就珍珠港事件纪念日向学生发表讲话。

宋美龄虽然在这次访美一吐之前在美受辱的怨气，但是访问的目的却毫无疑问地失败了。她的主要目的是希望美国协助蒋介石反攻大陆，蒋从来没有放弃光复大陆的愿景，但是美国早已认定他不可能战胜共产党，他只是希望把美国卷入对中国的战争，而使他从中得利；另一方面，蒋也完全没有意愿把军队投入越战帮助美军，谈判自此出现了僵局。美国政府从此对台湾当局感到失望，觉得可以从台湾获取的实际效用远低于他们所预期的。失去了美国关爱的眼光后，台湾开始成为外交上的孤岛，1971年联合国大会把台湾逐出联合国，次年曾经代表艾森豪威尔总统访台表达善意的尼克松当选总统后，访问中华人民共和国，并签署了著名的《联合公报》，1978年的卡特总统更宣布与中共建交。一向主张"一个中国"的"中华民国"政府，只好宣布与美国断交。

关于台湾国民党政府一贯的"一个中国"政策，还有一段插曲。70年代初，美国国务院劝台湾接受"两个中国"的安排，也就是在联合国的席次里，接纳中华人民共和国而不排除台湾，再纠集一些会员国赞同，搞"两个中国"或"一台一中"，这个方案得到"外交部"的完全赞同，毕竟如此在联合国还是有席位，否则就要被扫地出门了。但是这个提议在政府高层会议上提出时，一向亲美的宋美龄却立刻断然拒绝："宁为玉碎，不为瓦全！"语毕，所有人的目光都集中在坐在主席位置的蒋介石身上，他却一言不发。据说，当时他的表情很是苍凉。有人便称这件事情为："夫人一言定江山。"

在这段时期，宋美龄与蒋介石愈加地紧密，几乎形影不离。特别是在外事活动上，她仍然像抗战时期那样，是蒋的得力助手和重要决策人，凡是重要外宾到台湾活动，与蒋介石会晤时，宋美龄必定跟随在蒋身边，为他担任翻译。每当这种场合，往往是蒋介石咕咕哝哝地用乡音很重的普通话讲几句，接着宋美龄就能长篇大论地讲个五分钟。由于蒋介石年纪渐长，给人的印象是蒋介石像个傀儡，而操纵傀儡的手是魄力过人的宋美龄。

1975年4月5日深夜，统治台湾达25年之久的蒋介石，因心脏病猝发逝世。这让宋美龄陷入极大的悲恸之中。蒋介石弥留之际，宋美龄随侍在旁，蒋的尸体要入殓了，也是宋美龄亲手把他生前爱不释手的《三民主义》、《圣经》、《荒漠甘泉》、《唐诗》四本书放进蒋的棺材里，以伴他长眠。宋美龄决定暂厝蒋的灵柩于慈湖，以待将来再奉安于南京紫金山，实现蒋的遗愿。悲伤过度的宋美龄由蒋经国、蒋纬国陪侍，参加了蒋介石的奉厝大典，之后她就返回士林官邸，鲜少露面。同年9月，宋美龄因身体欠佳，决定到美国隐居治疗旧疾。行前，她发表了"书勉全体国人"一文，表达她的心境，文中提到她近年接二连三遭遇大姐与兄长、两名弟弟的死亡，今日又失去了丈夫，身心俱疲，充满了悲凉的语调。9月17日，宋美龄身穿一身长旗袍，戴黑色墨镜，神情肃穆，在机场接受华兴小学四年级学生献给她的一束玫瑰花后，即由蒋经国搀扶着进入机舱，告别她不忍回顾的家园，远走异乡。一年后她曾经返台参加蒋介石逝世一周年的追思典礼，典礼过后不久即再度整装赴美。此后近10年的光景，宋美龄隐居美国，虽然名为隐居，却仍关心台湾的政治，时常著文表达她对时事的意见。

　　1986年她突然返台住进士林官邸，一住就是近五年，1988年连她的继子蒋经国也去世了，年轻时总是走在时代前端的宋美龄，却在变成旧时代的遗迹时，活得比谁都久。1991年，93岁高龄的宋美龄决定返美定居，这一次，她应该再也没有办法回到台湾了，台湾的新闻媒体评价她此番赴美的意义，认为这"等于是为蒋家在台湾残存的一丝影响力，正式画上句点"。

领导妇女工作

　　宋美龄返台以后，立即创办"中华妇女反共抗俄联合总会"，简称"妇联会"，成为台湾最重要的妇女团体。"妇联会"发起了"缝征衣"、"慰征属"等活动，成功地创造了负隅顽抗、坚忍卓绝等待"复国"机会的复兴基地形象。

■ 两周年纪念大会上，宋美龄一如往常表现亲和的气质，坐在会员之中，聆听台上的讲话。

美军驻防

　　1950年朝鲜战争爆发，在美国名将麦帅的建议下，杜鲁门改变对华政策，使得台湾成为美国太平洋防线一环。除了军事武力上协防台湾，美国也开始大量提供美援，帮助台湾经济成长，希望支持一个繁荣的"自由中国"，以对抗贫穷落后的"共产中国"。在台驻防的美国士兵，以及应之而起的美式酒吧、"吧女"，美援面粉袋缝制成的内衣裤，成为台湾人成长记忆的一部分。

■ 台湾既与美国在朝鲜战争中成为军事同盟，又在 1954 年正式签订共同防御条约；美国即在台湾设立军事基地，美军驻防台湾。图为 50 年代美军眷属乘船抵达台湾的情景。

■ 1950 年朝鲜战争爆发，杜鲁门改变对台态度，把台湾列入防线之中。图为军事同盟的盟军统帅克拉克在离台前，宋美龄前往送机，并感谢他们协防台湾的努力。

飞虎将军陈纳德

　　1937年陈纳德将军来华帮助建立中国空军，又组成"美国飞军自愿队"，别称"飞虎队"，因其骁勇善战而博得"飞虎将军"的称号。1945年他离开重庆的时候，市民蜂拥前来为他送行，人群推着汽车在重庆陡峭的街道上走了好几个小时。一个中国人曾经向他说：自从马可波罗以来，还没有一个外国人那么博得中国人的心。1960年蒋氏夫妇央请名雕塑家杨英风为这位忠贞的中国友人塑像，当这尊雕像于五年后在台北新公园揭幕时，陈纳德的遗孀陈香梅激动地说："他复活了，灵与肉一起复活了!"

■ 陈纳德在战后仍然无法忘情中国，1948年他拒绝在美国的大好机会，前往台湾，他觉得中国需要他。陈有严重的气喘病，台湾的气候对他的健康有害无益，但他仍坚持不肯离开，直到1957年发现罹患肺癌，才返美治疗，但仍于1958年病重离世。陈纳德一直到病危，仍深信中国人有一天会团结起来，他也相信蒋介石和毛泽东去世之后，中国会再度统一。

164

■ 1965 年由杨英风所做的"飞虎将军"雕像在台北新公园揭幕，陈纳德遗孀由美赴台参加设立仪式。

165

尼克松访台

　　二战后东欧赤化，东西冷战开始，加以朝鲜战争爆发后，中共积极参战，让美国深切感受到共产主义的威胁，也意识到需要与亚洲国家建立起共同防御体系。1953年底，副总统尼克松访台，"中美共同防御条约"成形，并于1954年9月正式签订。这项合约一直维持到1978年卡特总统与中共建交、同时终止与"中华民国"的共同防御协约后，长达25年的"中美"军事同盟关系才告结束。

■ 1953 年 11 月 8 日，美国副总统尼克松访台，代当时的总统艾森豪威尔致赠艾的照片给蒋介石，以表双方朋友般的情谊。

■ 尼克松访台代表着当时美国国内局势的转变，艾森豪威尔当选之后，任用反共的杜勒斯为国务卿，一时坚决反共的气氛十分浓郁。

独裁者与中国民主的推动者

　　蒋介石在台湾总共当了四任的"总统"，已经远远超过"宪法"所规定的"连选得连任一次"，但是他要打破"法统"当万年"总统"，也不是没有根据。一是台湾处在动员戡乱时期，处境特殊；二则人民也恐惧蒋不当政，台湾将前途堪虑，游行上街"恭请"蒋续任"总统"。要论蒋政权的意义，以宏观的历史来说，似乎很难判其功过，封建传统的社会要迈向民主自由，到底阶段性的一党独裁、肃清异己是否是不可避免的？蒋是中国现代化、民主化的推手还是抑制民主的独裁者？

■ 1954 年，"国民大会"主席团代表胡适将"总统"当选证书送呈蒋介石。蒋一生与胡两人的关系十分复杂，一方面蒋十分敬佩胡适的学问跟为人，还曾于"行宪国大"时推举胡适参选"总统"，也暗中支持默许在胡的庇荫之下成立的《自由中国》杂志，但是 1960 年他还是无法忍受《自由中国》的自由言论，动手处置《自》，造成轰动一时的"雷震案"。一年后，胡适忧愤以终。

■ 蒋介石一生戎马，从来没有机会在承平时代领导国家，因此他的领导形象总有几分独夫的色彩。图为1957年7月22日蒋乘阅兵车校阅陆军景星演习。

■ 蒋参观陆军荣誉演习。蒋介石统治台
湾25年，25年内他从来没有放弃反攻
大陆。图中他面露满意的微笑，大抵觉得
反攻有望了吧！

■ 1954年"国民大会"召开第一届二次会议，通过国民党总裁蒋介石为第二任"总统"。图为蒋氏夫妇于当选后接受群众的欢呼。

■ 1966 年又到了选"总统"的时刻，蒋介石已
经当了破坏"法统"的第三任"总统"，也不好意
思再出来竞选了，但是来自各界的台北市民却手持
招牌游行，"恭请"蒋"总统"连任第四任"总统"。
以当时戒严的背景，人民集会都要经过申请，这些
民众可以聚集陈情，想必也有官员拍马的嫌疑。

176

艾森豪威尔访台

艾森豪威尔在总统任期的最后一年，展开远东之行，1960年6月18日他搭乘直升机飞抵台北松山机场，蒋介石夫妇亲自到机场迎接。当礼宾司的车队进入台北，艾森豪威尔受到20多万人的欢迎；到著名的圆山饭店稍事休息后，他到"总统府"前对50万名群众发表演说，强调美国不会承认"穷兵黩武的中共政权"，并在联合国支持"中华民国"。在这短短的24小时访问中，艾森豪威尔与蒋密集地进行了两次会谈，发表联合公报重申"两国"团结抵御中共挑衅的决心，可谓"中美"关系的至高点。

■ 在人民的"恭请"下，蒋"只好"再出马竞选，果然在第一次"国大"的第四次会议中，在"万年国代"的一致拥护下，当选第四任"总统"。图为当选后与"副总统"严家淦在"总统府"阳台接受民众欢呼。

■ 1960 年 6 月 8 日，艾森豪威尔总统
赴台进行 24 小时的访问，当礼宾车进入
台北市内，20 万的群众夹道欢迎。

■ 艾森豪威尔于下午 5 时余，在"总统府"前对 50 万的群众发表演说，重申美国与台湾的友好立场，以及反共的决心。

179

■ 在演讲结束之后，50 万人齐声为他欢
呼，战争英雄出身的艾森豪威尔也热情
地举起双手回应人民。

■ 在晚宴上，蒋介石用中文致词感谢美
国的援助。不知为何，美龄没有立即帮艾
森豪威尔翻译，他只好呆坐着，两只手指
撑住脸颊，有点无聊。

■ 虽然蒋一句英文也不会说，但是他总
有办法在与外宾共处的时候，表现出一
副十分享受交谈气氛的模样。

■ 宋美龄挽着丈夫的手，走在蒋与艾森豪威尔的中间，为他们担任翻译。在整个访问过程中，宋都担任两人沟通的桥梁，并在金马地区的争议上，与蒋共同强烈地坚持主权。

权力的第二把交椅

随着蒋介石年事渐高，宋美龄与蒋关系更趋密切，大小外事、政府高层会议，总见美龄站在蒋的身边，有时为他当翻译，有时得当解说员，颇有"垂帘听政"的味道。20世纪70年代，美国对华态度逆转，台湾在联合国席位岌岌可危，美国国务院劝蒋政府接受"一中一台"，但宋美龄一口回绝，强调始终只有"一个中国"，台湾因而被逐出联合国。这一点让中共政府近年来处理台湾问题时，有很好的基础点，不少人还颇为感念她当时的坚持，这恐怕是与中共势不两立的宋美龄臆想不到的。

■ 1957年日本首相岸相介访台。由于战后蒋介石主张"以德报怨"，主张不要对日本侨民、投降的军人施以报复，国民党退败台湾以后，日本也一直与台湾保持友好关系，直到1972年台日断交为止。

184

185

■ 1959年11月25日，宋美龄接见日本妇女经济联盟会理事长竹内寿惠女士。

■ 1974年6月21日，宋美龄在官邸以茶会款待史瓦济兰王国马可尼西总理夫人。

186

■ 1971年"双十节"，蒋氏夫妇一起现
身"总统府"前，主持中枢"建国六十国
庆大典"，蒋仍然以他口音浓厚却极为煽
动人心的演讲鼓励人民精诚团结，反攻大
陆，解救大陆苦难同胞。

■ 如果不要考虑到"中华民国"建国以来河山大幅缩水，60
周年的确是可喜可贺的。但是当时台湾也的确有值得欣喜的地
方，当大陆忙着搞百花齐放、"大跃进"、"文化大革命"，台
湾却在美援的支持下，经济突飞猛进，农业改革成功、发展公
共建设、设立加工出口区，成为繁荣富足的"自由中国"。

■ 1973 年 11 月 15 日，国民党中央评议委员会举行第五次会议，宋美龄以中央评议委员身份出席。她身边坐着与她一路走来的"革命"伙伴们，同为国民党的权力中心（右前为张群，右后为顾祝同，左为方治）。

■ 1965 年 9 月，宋美龄赴美
访问，抵达白宫时受到约翰逊
夫人的热烈欢迎。

■ 这次访美，宋美龄亦回母校探视。图
为宋美龄与母校韦斯利学院院长克莱普
女士及学生谈话的情景。

190

■ 蒋经国与宋美龄的母子之情似乎随着岁月越来越为坚固、自然。图为 1968 年 5 月 10 日三军总医院开幕时，由当时任"国防部长"的蒋经国夫妇陪同，前往参观并主持开幕仪式；蒋经国一手扶在刚由美治病返台的宋美龄背后，的确颇有儿子对母亲的小心恭谨。

■ 除了是政治与外交上的"第一夫人"，宋美龄也是蒋政府中
的慈母、女性象征，她时常接受各种请愿、乞求，或是到处给予
慰问。胡适在演讲时心脏病发猝死之后，宋美龄便前往慰问胡适
夫人，此时哀痛过甚，胡夫人似乎一时想不起来，蒋胡之间还有
"雷震"这个心结。

孤儿的母亲

受美国中产阶级价值观的影响，宋美龄总是热心于慈善事业，走到哪里她都要创办育幼院，都要号召全体妇女发挥爱心解决社会上的贫穷与困苦。在台湾她创办华兴小学安顿一江山岛和大陈岛的难童，后来见到五六十年代肆虐台湾的小儿麻痹症造成许多病童肢体残障，她又创办振兴医疗中心，帮助他们复健。她把这些难童病童都当成自己的孩子一样爱护，要他们叫她妈妈。她以为这样可以抚慰失去父母照料的孩子的心，或许也抚慰她膝下无子的遗憾。

■ 宋美龄喜爱慈善活动，就像美国中产阶级无所事事的富家太太，忙着募款义卖捐钱搞慈善。这天她带着五六十年代流行的时髦猫眼墨镜，到莫神父的施粥站亲自为贫民施粥，旁人一边跟她说笑，让她顾不及在镜头前摆出一脸慈蔼的样子。

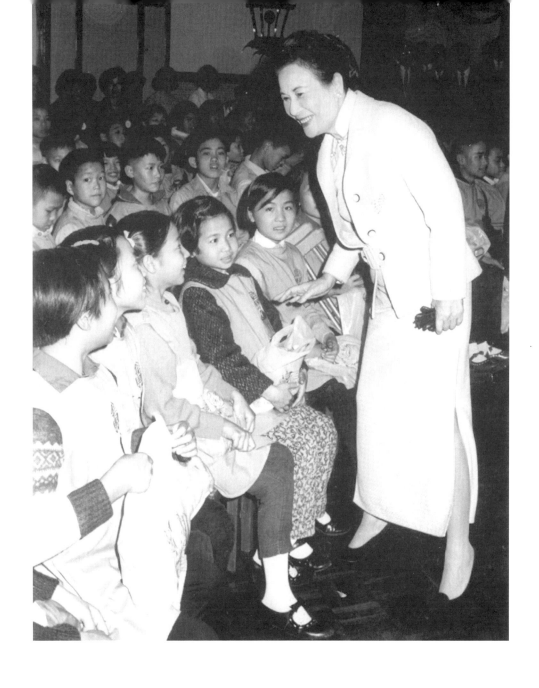

■ 1968 年 12 月 21 日圣诞节前夕，宋
美龄来到她一手创办的华兴小学跟孩子们
问好。

■ 宋美龄自己没有生育，但是却十分喜
欢小孩，乐于与孩子为伍。这天她来到
防痨展览会，听女学生们向她解说肺结
核治疗的方式。

■ 60 年代小儿麻痹症曾肆虐一时，由于这个病症主要侵犯孩童，一向喜欢孩子的宋美龄便设立振兴医学中心，专门帮助病童的治疗与复健。

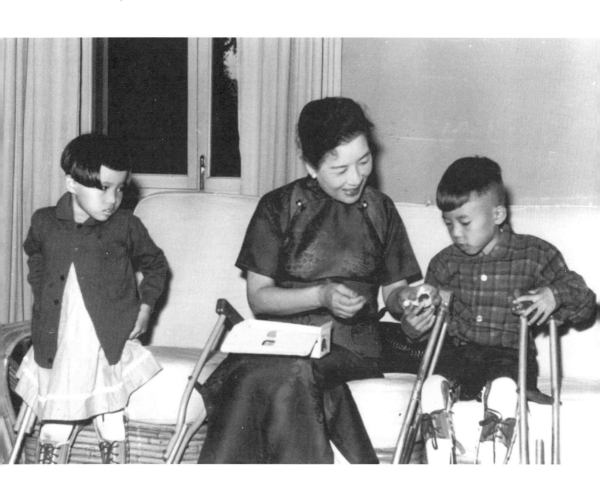

英雄已逝，美人迟暮

1975年4月5日，蒋介石逝世，宋美龄失去了半个世纪以来最亲密的伴侣、战友与精神的依靠、权力的中心，她伤痛欲绝，几乎无法撑完蒋介石的奉厝大典。几个月后她决定前往美国隐居养病，除在次年返台参与蒋的逝世周年纪念外，在美国待了11年，直到1986年才返回台北士林官邸长住。然而接二连三的噩耗不住向她传来，1988年，蒋经国去世，两个长孙孝文、孝武亦相继去世，光是为了探病、参加丧礼，就让她在台湾住了四年多。1991年她以93岁高龄返美，永久地告别了台湾。

■ 1976 年 4 月 3 日，宋美龄返台参加蒋介石逝世周年纪念，当专机抵达台湾，蒋经国即立刻登上飞机，亲自搀扶宋美龄走下阶梯。

■ 1975年4月5日，与宋美龄相守近50年的蒋介石逝世，宋美龄哀痛欲绝，必须在经国与纬国的搀扶下，才得以参加完奉厝大典。几个月后她即决定离开处处让她睹物思情的台湾，远赴美国隐居。

6

家居生活

◎ 权力与爱情

◎ 天伦之乐

1927年12月，蒋宋联姻的世纪婚礼一向是众人蜚短流长的对象，以宋家的家世财力连接上蒋介石在国民党内如日中天的声势，一个势力庞大的王朝似乎正在成形。人们根据这项婚姻获得的巨大利益，判定他们的结合必然不是为了爱情，尤其是婚前蒋介石已有两妻一妾，1922年蒋初识宋美龄的时候，才刚舍弃发妻与年方十五的少女陈洁如结婚，陈也以总司令夫人的身份陪同蒋在各种公开场合亮相。据说蒋曾透过孙中山拜托美龄的胞姐庆龄代为表意，但是受到庆龄断然的拒绝。

　　1927年，蒋已爬到国民政府的高层，再度鼓起向宋家名媛求爱的勇气，邀请美龄同游焦山。这天蒋介石特地换下了军服，穿上英国呢西装，拿金丝边草帽，足登一双白皮鞋，颇有绅士风度，这都是为了讨宋三小姐的欢心。宋美龄比起父母之命令他不情不愿迎娶的发妻毛福梅、出身青楼的小妾姚冶诚、原为交际花的陈洁如，对蒋介石来说，仿佛是云端与淤泥之别。他从奉化乡下的一个无名小卒，到今日能够与身份高贵、留洋归国的宋家小姐同游，他自然是小心谨慎，务求表现出最好的一面。对于能够获得宋美龄的垂青，蒋介石心中一直是感念珍惜的，因此在他们定情之后，蒋就一改过去人们心中"吃喝嫖赌"的形象，努力与美龄建立一个基督教的模范家庭。

　　当然蒋之所以立意要追求宋美龄，或许也不如此单纯，《大公报》的胡霖曾分析道："蒋介石的再婚，是一项有预谋的政治行动，他希望藉此赢得孙逸仙夫人和宋子文的支持……蒋介石也开始觉得有必要寻求西方的支持。娶美龄为妻之后，他便有了与西方人交涉的'嘴巴和耳朵'。……但如果说蒋介石不爱宋美龄，那是不公平的。蒋介石显然把自己看成是英雄。在中国历史上，英雄爱美人，是天经地义的事。"然而不只英雄爱美人，美人也在寻找她的英雄。

　　美龄自幼就崇拜英雄，在美国读书的时候，她主修文学，就对阿瑟王的传奇特别有兴趣；她在美国养成了拓荒精神般的顽强毅力，也学会了要解决问题常得仰赖强而有力的手腕。回到中国的美龄感到自己被困在传统社会里难以动弹，空有满腔的理想与才华，却没有机会给女人着手改造世界。她过了中国人眼中的适婚年龄，却没有出现足以匹配她过人才情与魄力的男人，直到遇到了蒋介石，她从他身上看到非凡的特质，加上他靠着实力一路攀爬到权力的顶尖，让美龄觉得他是能够依附的英雄人物。她没有看错，多年来历经无数政治斗争，蒋总是安然地站在领导的位置，而她也因此长久地站在权力中心，能够运用权力推行她所信仰的美好事物。

然则随着与蒋介石朝夕相处，美龄似乎也与蒋培养出深厚的爱情，尤其在"西安事变"中展露无遗。连一开始不认同他们结合的宋庆龄也说："开始并没有爱情，但是我认为现在有爱情了。美龄真诚地爱蒋，蒋也真诚地爱她。""要是没有美龄，他的情况大概会糟得多。"如果蒋介石没有与宋美龄结合，以他在日本军校毕业后，曾以浪人的姿态闯荡上海的历史，又以当时军阀习气的环境，虽难说他不会有今日的成就，大抵也不会自视自律为一个基督教的道德领袖。

在蒋氏夫妇身边的人，留下了无数他们夫妻俩恩爱的故事，而蒋除了是一个万人之上的军事统领外，其实也不乏是个多情浪漫的丈夫。1934年的新年，夫妻俩在福建巡边，除夕那天他们到浦城郊外的山中散步，发现一株怒放的白梅，蒋介石细心地折了几枝梅花回来，晚上点起红烛的时候，蒋把梅花放在一个小竹篮里送给了美龄，当做新年礼物，又说："梅花在树上的时候，固然清丽多姿，而堆在篮里，映着烛光，越发美不可言。"美龄在赞叹之余，称赞蒋介石说："你们或许明白我何以愿意和丈夫在前线共尝艰苦。他具军人的胆略，又有词客的温柔呢！"

在众人说蒋宋联姻是霭龄为了宋家王朝而设法缔结时，宋美龄断然驳斥，她对张紫葛说，她之所以爱上蒋介石，是因为："他那对闪亮射人的眼睛告诉我：他是个英雄。"他们认识之后通信多年，在信中讨论革命，颇有惺惺相惜之感，而且整个婚姻都是她"自己作主、自己主动"的。结婚多年，他俩的生活习惯还是南辕北辙，但都能相互体让。蒋习惯早睡早起，美龄则晚睡晚起。早上5点蒋起床的时候，美龄才刚入睡不久，为了怕惊醒她，蒋介石在床边准备了一个手电筒，有时冬天清晨天还未亮，蒋就开着手电筒到厕所梳洗。他们喜爱的食物也大相径庭，在一起吃饭的时候，美龄吃烤鸡、猪排，蒋则吃肉丝咸菜汤、干菜烤肉、咸菜大黄鱼，有时候美龄也会下厨做点蒋喜欢吃的小菜。

美龄喜欢作画，她曾经跟大师张大千学过水墨画，画一手工笔山水画，字也写得娟秀别有神韵。蒋介石常常陪伴美龄作画，有时候在一旁闹她。现今台北士林官邸里还有一幅画，不同于美龄常画的山水花鸟，而是一头带有毕加索抽象味道的猪。这幅画有一段关于蒋、宋恩爱的小故事。有一次蒋介石想要试试美龄作画的功力，便要她画一头猪，不服输的美龄立刻挥毫作画，没几下就把一头猪勾勒出来了。

美龄画得多，因此对画作也不是非常珍惜，时常随手赠送给认识的人，但这幅画一直留在她身边。

1932年到1938年间，汪日章当了蒋介石六年秘书，他记得夫妻两人感情深厚，有时说闲话也不避人。有一次他们回溪口老家，美龄在车上跟蒋打赌："谁先见到江口塔，谁就赢。"不一会儿蒋说："那，我先看到了。"美龄接着说："我老早就看见了。"不认输。在溪口时，两人手牵着手到处寻幽访胜。蒋称美龄为"达令"，但汪日章没听过宋美龄如何称蒋。这跟许多传记作家把宋美龄描述为满口"达令"的风骚女人似乎不太符合，毕竟喜欢老叫"达令"的人其实是蒋介石。

汪并记述1937年4月，由美龄出力办好手续，促使蒋经国由苏联回国。蒋介石前一天就先会见儿子，告诫儿子要主动前往拜见美龄。第二天，蒋介石佯装初次与经国见面，经国先叫父，后叫美龄为母，美龄便帮他买了新衣裳，并给他一笔钱作为见面礼。许多传记里绘声绘影地写到美龄与蒋前往接机，蒋要经国称美龄为母亲，经国怒斥："她才不是我母亲。"并由此说蒋经国与宋美龄不和。但以蒋经国如此乖觉聪明，应不至于笨到与美龄直接起冲突，而事实也证明，蒋经国日后对美龄在公开场合总是保持恭敬的态度，而美龄也似乎在到台湾之后，助经国一臂之力，使他当上"国防部"副部长，从此踏上平坦的仕途。

到了晚年，蒋氏夫妇的感情似乎越来越好，而蒋经国的生母毛福梅既然已在日军轰炸故居丰镐房时丧生，他也渐渐地接受了美龄为继母的事实。每次美龄出国看病，他一定和父亲同往送机接机，表现孝道。他时常和夫人蒋方良带着孩子探视父母，美龄相当疼爱经国的孩子，尤其是三子孝勇，孝勇嘴巴很甜，又经常到士林官邸走动，很得宋美龄的宠爱。后来孝勇旅居加拿大，美龄也在蒋逝世后常住美国，他便时常带着夫人和孩子前往纽约陪伴奶奶住一段时期。蒋经国父子对她的孺慕之情，让没有生育子女的美龄很感安慰。

1975年蒋介石猝然去世，让美龄哀痛欲绝，她决定离开台湾到美国隐居。第二年她回来参加蒋逝世周年纪念，追思典礼结束后，她又立即离台返美。1978年蒋经国当选为第六任"总统"，热切地希望宋美龄能够回国参加他的就职典礼，但是美龄却淡淡地捎来一个电讯：

经国览：

……父亲去世三年之期将届，在此三年中，余每倏而悲从中来，上年返士林，陈设依旧，令我有人去楼空之感，以往惯常之言音足声皆冥冥素然，不禁唏嘘。余与父亲除数次负任去美，其它时日相伴近半百年岁，尤以诸多问题，有细有巨均不惮有商有量，使彼此精神上有所寄托，二人相勉，所得安慰非可形诸笔墨。……可谓自龀龄启蒙，最亲近最长久伴侣，兼相依为命者，乃父亲耳。此种扣心萦怀情性，只有如汝与方媳妇合四十余年者，可能体会之。……乔在母子之份，又汝二十九日电深为关切，能体会余三年之情绪，乃馨心言之。

母，四月一日。

观此信而仍认为蒋宋之间没有任何爱情的人，实在也过分地不可理喻了。

1986年10月，宋美龄返回台湾长住，蒋经国经常到士林官邸向继母请安、互话家常。注意到蒋经国的身体不好，就常常留他吃饭，希望自己能多陪他一些时候。蒋经国在生命的最后几个月里，为政事特别操劳，有时心情郁闷，胃口不好，宋美龄便特别交代厨师，给他做几样家乡小菜，让他开开胃口，如果他公事太忙，无法前来，她便派人把菜送到大直官邸蒋经国住处。1988年1月13日，蒋经国逝世，听到消息，美龄悲痛地讲不出话来，立刻前往大直官邸探视。此后四天，她悲痛得茶饭不思，举行追悼仪式时，她必须坐着轮椅才能进入会场。

　　1991年，美龄决定离台返美，长居纽约长岛。隐居美国的美龄，生活相当规律简单，一年到头会客不超过10次，但是每年她过生日的时候，生活在美国各地的国民党遗族子女都会赶来为她庆祝，让宅第难得地热闹起来。美龄平常以莳花、作画、阅读、练字来消磨时光，并经常运动，每周固定到教堂做礼拜。虽然蒋介石逝世已有二十多年了，但是美龄对他的思念却丝毫没有减低，在她纽约长岛的住所里，到处可见蒋的照片，奉祭蒋的香花长年保持鲜洁。

权力与爱情

蒋宋联姻，固然可以看做是英雄迎娶可以一夕间带予他金钱与地位的美人，或是美人选择可以实现她的理想的英雄，但是英雄与美人的结合，原本就是天作之合。结缡近50年的岁月里，两人有夫妻的互敬互爱，更有位居权力中心，两人共荣辱、共生死的情感，所有面临历史关口的抉择考虑，也只有彼此能相知相慰。他们的婚姻生活或许异于常人，却也有平凡夫妻的平凡乐处，在繁忙公事中趁隙出游、在日月潭畔画画练字，或是两人耍嘴皮子、逗闹，再非凡的人物，也是同样的方式相爱。

■ 1927 年 12 月 1 日这场著名的婚礼，创造了中国 20 世纪的命运。虽然庆龄曾批评这个婚姻没有真正的爱情，双方都是机会主义，但是她还是保存了妹妹给她的这张结婚照，一直摆在她上海的故居里。而她后来也改变看法，认为他们在长期的相知相守里，锻炼出真挚的爱情。

■ 1931年1月4日，夫妻俩在南京合影。结婚的头几年，虽然他们已经开始成为亲密的伴侣，但似乎还是少了一点岁月染上的温暖色彩。至少他们就不是很有默契，要拍照了，蒋往左边看去，想要摆出一副沉思的样子，美龄却看着镜头，脸上带着怪里怪气的微笑。

■ 1957年2月12日，在日月潭畔的别墅里，蒋带着微笑叉着腰看妻子画画，他有时候会耐心地看着，有时候又故意逗她，要使她出错。但是美龄个性执拗，越要她出错，她越是不肯犯错。

天伦之乐

　　宋美龄与蒋介石没有生育，而结婚时经国、纬国都已长大成人，因此真正让她享受到与儿孙同乐的家庭温暖的，就是经国与纬国的孩子们。孝文、孝武、孝勇当中，她最宠爱孝勇，孝勇嘴甜，有事没事就往官邸跑，找爷爷奶奶玩。长大成人之后，也只有孝勇与宋美龄的关系历久不变，他迁居加拿大后，便时常带着家人到奶奶家里小住，陪陪孤单的宋美龄。

■ 蒋经国和方良时常带着孩子到士林官邸拜见父母，美龄是洋派的中国女人，方良则是努力中国化的俄国女子，两人似乎在两种文化的平衡点中找到了相处的乐处，婆媳间偶尔打点扑克，联络感情。

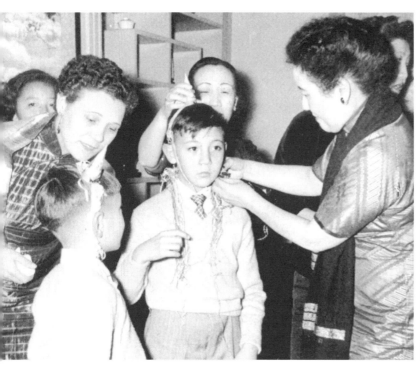

■ 赴台以后，宋美龄与两个继子间的关系越来越友善了，随着他们成家育子，她也就当上"便宜奶奶"，享受起含饴弄孙的快乐了。这天是蒋介石的生日，美龄与方良为孝文、孝武系上小小的帽子，一边遵嘱他们等一下要怎样逗爷爷开心。

■ 蒋经国夫妇带着刚出生的小儿子孝勇来拜见蒋介石，蒋在私下其实还算是个感情丰富、热情的人，抱起孙子，含笑逗乐，似乎也似模似样。

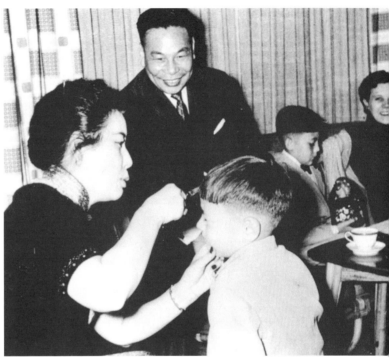

■ 美龄最宠爱经国的小儿子孝勇，这天她看他前额头发长了，弄到眼睛怕感染，就亲自拿了剪刀剪成可爱的瓜皮头。经国和方良一边看着，也觉得有趣。

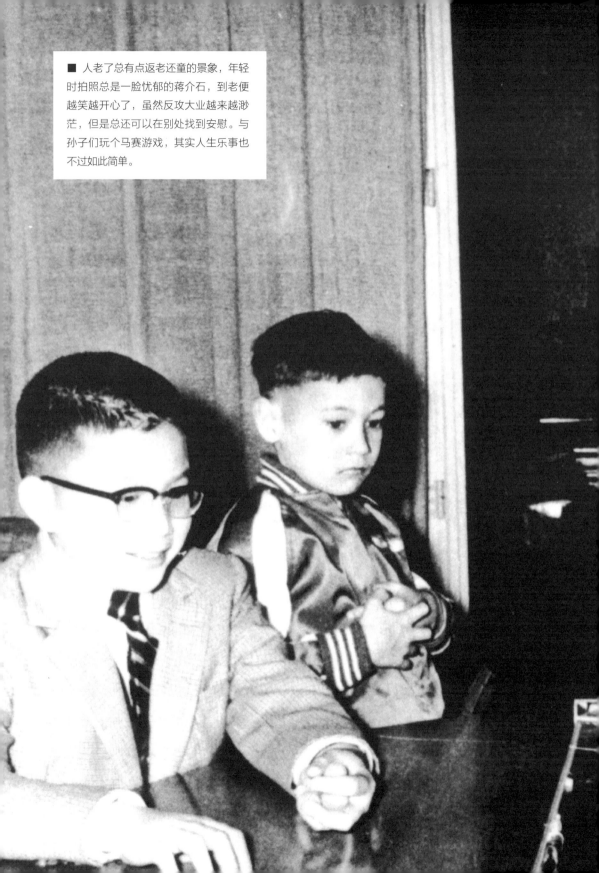

■ 人老了总有点返老还童的景象，年轻时拍照总是一脸忧郁的蒋介石，到老便越笑越开心了，虽然反攻大业越来越渺茫，但是总还可以在别处找到安慰。与孙子们玩个马赛游戏，其实人生乐事也不过如此简单。

■ 蒋氏夫妇与经国一家出游，阳光正好，与家人同乐，让蒋十分开心，笑容也特别灿烂。

结　语

　　到2003年3月5日，宋美龄就整整活过了105个年头了，她活得比同时代的政治人物都要长久，她的生命跨过人类历史上最为动乱、变化最快速的20世纪，从纷乱走到承平，从走在时代前头、引领风骚的人物到成为旧时代的遗迹，她的人生就是中国的20世纪史，而对她功过评价的变化，也正是20世纪典范的迁迭。

　　身为一个女人，她打破当时社会对女人的刻板印象，特立独行，野心勃勃，嫁给一个可以帮助她实现她的抱负的丈夫；她创立各种妇女动员团体，鼓励女性走出家庭和厨房，贡献自己的力量给国家和社会——就像她自己一样。她坚决反共，一如同时代中产阶级出身的许多政治人物；她爱国，相信被共产党统治的大陆同胞亟须他们的拯

224

救。而当时代的典范转变了：共产与私有财产制不再势不两立，富太太从事慈善工作式的妇女团体成为女性主义眼中落伍反动的象征，台湾从来没能反攻大陆，而大陆的"苦难"同胞似乎也不需要仰赖蒋政权来解救。然而或许有一点是永远不会变的，就是宋美龄的确是个百年难得一见的奇女子，她旺盛的精力、过人的颖慧、坚毅的性格，当然还有她过人的气质与美貌，在在使得她出类拔萃、令人难以忘怀。

当活了一百多岁的宋美龄一个人隐居在长岛蝗虫谷的孔家别墅里，时间长得失去意义，由无数秒针的敲击织起又粉碎，陷落在百年记忆的细小缝隙里。这栋冷清空荡的房子，只住了宋美龄、隐形一般的管家和随扈，聒噪闹耳的时钟声无所不在，在每一个角落里窃窃私语，讲述着只有时间和她才知道的秘密。

她坐在这个被时间遗忘的小舟里，还要在生命的河流里漫游多久呢？当你以为她已经游历到百无聊赖、随时想靠岸离开了，她颤巍巍地举起干瘦布满皱纹与斑点的手，轻轻地拉了一下阔边草帽的帽沿，眼睛里却闪出了一点调皮的光彩，好像在说：她还没有看够呢！她看过中国第一架拼拼凑凑做起来的飞机，也看过美国人的航天飞机飞到了月球，那之后还有什么呢？她人生最后的一场战争，似乎是一场与永恒、与时间的赛跑了，民主中国不过九十几年的历史，人类的生命、人类的文化，比起永恒是如此地渺小、短暂，她要继续睁大眼睛看着，直到时间失去意义，直到衰败不再控制她的灵魂与肉体。时间是个圆，所有的爱憎最后都会回到原点，她会守候着生命直到那一刻来临。

2003年5月